最新法律文件解读丛书

行政与执行法律文件解读

XINGZHENG YU ZHIXING FALÜ WENJIAN JIEDU

人民法院出版社　编

总第197辑　2021.05

人民法院出版社

图书在版编目(CIP)数据

行政与执行法律文件解读. 总第197辑 / 人民法院出版社编. -- 北京 : 人民法院出版社, 2021. 8
(最新法律文件解读丛书)
ISBN 978-7-5109-3242-7

Ⅰ. ①行… Ⅱ. ①人… Ⅲ. ①行政法—法律解释—中国 Ⅳ. ①D922. 105

中国版本图书馆 CIP 数据核字(2021)第148297号

行政与执行法律文件解读·总第197辑
人民法院出版社　编

责任编辑　张　奎
出版发行　人民法院出版社
地　　址　北京市东城区东交民巷27号　邮编　100745
电　　话　(010)67550673(责任编辑)　67550558(发行部查询)
65223677(读者服务部)
客服QQ　2092078039
网　　址　http://www. courtbook. com. cn
E - mail　courtbook@ sina. com
印　　刷　三河市国英印务有限公司
经　　销　新华书店
开　　本　787毫米×1092毫米　1/16
字　　数　108千字
印　　张　8
版　　次　2021年8月第1版　2021年8月第1次印刷
书　　号　ISBN 978-7-5109-3242-7
定　　价　28.00元

卷首语

本辑收录了《最高人民法院关于推进行政诉讼程序繁简分流改革的意见》《最高人民法院关于审理专利授权确权行政案件适用法律若干问题的规定（一）》《机动车排放召回管理规定》《网络直播营销管理办法（试行）》等司法解释、规范性文件及相关的解读文章。

2021 年 5 月 14 日，最高人民法院印发《最高人民法院关于推进行政诉讼程序繁简分流改革的意见》，旨在深化行政诉讼制度改革，推进行政案件繁简分流、轻重分离、快慢分道，优化行政审判资源配置，推动行政争议实质化解，依法保护公民、法人和其他组织合法权益，支持和监督行政机关依法行政。

2021 年 4 月 27 日，为指导各地检察机关依法办理民事执行监督案件，进一步强化民事执行监督职能、提高执行监督精准度，最高人民检察院发布第二十八批指导性案例（“民事执行监督”主题）。通过制发民事执行监督指导性案例，充分发挥指导性案例的示范引领作用，为全国检察机关民事检察部门依法办理执行监督案件提供办案指引，保障法律统一正确实施。

本辑“新类型疑难案例选评”栏目收录了《葛某诉上海市公安局某分局行政赔偿案》一文，以期对基层执法实践中处理类似案件有所裨益。

《最新法律文件解读》丛书
编 辑 部

兰丽专　（010）67550626

丁丽娜　（010）67550608

张　奎　（010）67550673

路建华　（010）67550660

杨晓燕　（010）67550508

执行编辑　张　奎

邮　　箱　271717306@ qq. com

目录

司法解释、司法指导性文件与解读

部门规章、规章性文件与解读

指导案例、典型案例与解读

司法实务问题研究

新类型疑难案例选评

司法解释、司法指导性文件与解读

最高人民法院
关于审理专利授权确权行政案件适用法律若干问题的规定（一）

法释〔2020〕8号

（2020年8月24日最高人民法院审判委员会第1810次会议通过
2020年9月10日最高人民法院公告公布
自2020年9月12日起施行）

为正确审理专利授权确权行政案件，根据《中华人民共和国专利法》《中华人民共和国行政诉讼法》等法律规定，结合审判实际，制定本规定。

第一条 本规定所称专利授权行政案件，是指专利申请人因不服国务院专利行政部门作出的专利复审请求审查决定，向人民法院提起诉讼的案件。

本规定所称专利确权行政案件，是指专利权人或者无效宣告请求人因不服国务院专利行政部门作出的专利无效宣告请求审查决定，向人民法院提起诉讼的案件。

本规定所称被诉决定，是指国务院专利行政部门作出的专利复审请求审查决定、专利无效宣告请求审查决定。

第二条 人民法院应当以所属技术领域的技术人员在阅读权利要求书、说明书及附图后所理解的通常含义，界定权利要求的用语。权利要求的用语在说明书及附图中有明确定义或者说明的，按照其界定。

依照前款规定不能界定的，可以结合所属技术领域的技术人员通常采用的技术词典、技术手册、工具书、教科书、国家或者行业技术标准等界定。

第三条 人民法院在专利确权行政案件中界定权利要求的用语时，可以参考已被专利侵权民事案件生效裁判采纳的专利权人的相关陈述。

第四条 权利要求书、说明书及附图中的语法、文字、数字、标点、图形、符号等有明显错误或者歧义，但所属技术领域的技术人员通过阅读权利要求书、说明书及附图可以得出唯一理解的，人民法院应当根据该唯一理解作出认定。

第五条 当事人有证据证明专利申请人、专利权人违反诚实信用原则，虚构、编造说明书及附图中的具体实施方式、技术效果以及数据、图表等有关技术内容，并据此主张相关权利要求不符合专利法有关规定的，人民法院应予支持。

第六条 说明书未充分公开特定技术内容，导致在专利申请日有下列情形之一的，人民法院应当认定说明书及与该特定技术内容相关的权利要求不符合专利法第二十六条第三款的规定：

（一）权利要求限定的技术方案不能实施的；

（二）实施权利要求限定的技术方案不能解决发明或者实用新型所要解决的技术问题的；

（三）确认权利要求限定的技术方案能够解决发明或者实用新型所要解决的技术问题，需要付出过度劳动的。

当事人仅依据前款规定的未充分公开的特定技术内容，主张与该特定技术内容相关的权利要求符合专利法第二十六条第四款关于“权利要求书应当以说明书为依据”的规定的，人民法院不予支持。

第七条 所属技术领域的技术人员根据说明书及附图，认为权利要求有下列情形之一的，人民法院应当认定该权利要求不符合专利法第二十六条第四款关于清楚地限定要求专利保护的范围的规定：

（一）限定的发明主题类型不明确的；

（二）不能合理确定权利要求中技术特征的含义的；

（三）技术特征之间存在明显矛盾且无法合理解释的。

第八条 所属技术领域的技术人员阅读说明书及附图后，在申请日不能得到或者合理概括得出权利要求限定的技术方案的，人民法院应当认定该权利要求不符合专利法第二十六条第四款关于“权利要求书应当以说明书为依据”的规定。

第九条 以功能或者效果限定的技术特征，是指对于结构、组分、步骤、条件等技术特征或者技术特征之间的相互关系等，仅通过其在发明创造中所起的功能或者效果进行限定的技术特征，但所属技术领域的技术人员通过阅读权利要求即可直接、明确地确定实现该功能或者效果的具体实施方式的除外。

对于前款规定的以功能或者效果限定的技术特征，权利要求书、说明书及附图未公开能够实现该功能或者效果的任何具体实施方式的，人民法院应当认定说明书和具有该技术特征的权利要求不符合专利法第二十六条第三款的规定。

第十条 药品专利申请人在申请日以后提交补充实验数据，主张依赖该数据证明专利申请符合专利法第二十二条第三款、第二十六条第三款等规定的，人民法院应予审查。

第十一条 当事人对实验数据的真实性产生争议的，提交实验数据的一方当事人应当举证证明实验数据的来源和形成过程。人民法院可以通知实验负责人到庭，就实验原料、步骤、条件、环境或者参数以及完成实验的人员、机构等作出说明。

第十二条 人民法院确定权利要求限定的技术方案的技术领域，应当综合考虑主题名称等权利要求的全部内容、说明书关于技术领域和背景技术的记载，以及该技术方案所实现的功能和用途等。

第十三条 说明书及附图未明确记载区别技术特征在权利要求限定的技术方案中所能达到的技术效果的，人民法院可以结合所属技术领域的公知常识，根据区别技术特征与权利要求中其他技术特征的关系，区别技术特征在权利要求限定的技术方案中的作用等，认定所属技术领域的技术人员所能确定的该权利要求实际解决的技术问题。

被诉决定对权利要求实际解决的技术问题未认定或者认定错误的，不影响人民法院对权利要求的创造性依法作出认定。

第十四条 人民法院认定外观设计专利产品的一般消费者所具有的知识水平和认知能力，应当考虑申请日时外观设计专利产品的设计空间。设计空间较大的，人民法院可以认定一般消费者通常不容易注意到不同设计之间的较小区别；设计空间较小的，人民法院可以认定一般消费者通常更容易注意到不同设计之间的较小区别。

对于前款所称设计空间的认定，人民法院可以综合考虑下列因素：

（一）产品的功能、用途；

（二）现有设计的整体状况；

（三）惯常设计；

（四）法律、行政法规的强制性规定；

（五）国家、行业技术标准；

（六）需要考虑的其他因素。

第十五条 外观设计的图片、照片存在矛盾、缺失或者模糊不清等情形，导致一般消费者无法根据图片、照片及简要说明确定所要保护的外观设计的，人民法院应当认定其不符合专利法第二十七条第二款关于“清楚地显示要求专利保护的产品的外观设计”的规定。

第十六条 人民法院认定外观设计是否符合专利法第二十三条的规

定，应当综合判断外观设计的整体视觉效果。

为实现特定技术功能必须具备或者仅有有限选择的设计特征，对于外观设计专利视觉效果的整体观察和综合判断不具有显著影响。

第十七条 外观设计与相同或者相近种类产品的一项现有设计相比，整体视觉效果相同或者属于仅具有局部细微区别等实质相同的情形的，人民法院应当认定其构成专利法第二十三条第一款规定的“属于现有设计”。

除前款规定的情形外，外观设计与相同或者相近种类产品的一项现有设计相比，二者的区别对整体视觉效果不具有显著影响的，人民法院应当认定其不具有专利法第二十三条第二款规定的“明显区别”。

人民法院应当根据外观设计产品的用途，认定产品种类是否相同或者相近。确定产品的用途，可以参考外观设计的简要说明、外观设计产品分类表、产品的功能以及产品销售、实际使用的情况等因素。

第十八条 外观设计专利与相同种类产品上同日申请的另一项外观设计专利相比，整体视觉效果相同或者属于仅具有局部细微区别等实质相同的情形的，人民法院应当认定其不符合专利法第九条关于“同样的发明创造只能授予一项专利权”的规定。

第十九条 外观设计与申请日以前提出申请、申请日以后公告，且属于相同或者相近种类产品的另一项外观设计相比，整体视觉效果相同或者属于仅具有局部细微区别等实质相同的情形的，人民法院应当认定其构成专利法第二十三条第一款规定的“同样的外观设计”。

第二十条 根据现有设计整体上给出的设计启示，以一般消费者容易想到的设计特征转用、拼合或者替换等方式，获得与外观设计专利的整体视觉效果相同或者仅具有局部细微区别等实质相同的外观设计，且不具有独特视觉效果的，人民法院应当认定该外观设计专利与现有设计特征的组合相比不具有专利法第二十三条第二款规定的“明显区别”。

具有下列情形之一的，人民法院可以认定存在前款所称的设计启示：

（一）将相同种类产品上不同部分的设计特征进行拼合或者替换的；

（二）现有设计公开了将特定种类产品的设计特征转用于外观设计专利产品的；

（三）现有设计公开了将不同的特定种类产品的外观设计特征进行拼合的；

（四）将现有设计中的图案直接或者仅做细微改变后用于外观设计专利产品的；

（五）将单一自然物的特征转用于外观设计专利产品的；

（六）单纯采用基本几何形状或者仅做细微改变后得到外观设计的；

（七）使用一般消费者公知的建筑物、作品、标识等的全部或者部分设计的。

第二十一条 人民法院在认定本规定第二十条所称的独特视觉效果时，可以综合考虑下列因素：

（一）外观设计专利产品的设计空间；

（二）产品种类的关联度；

（三）转用、拼合、替换的设计特征的数量和难易程度；

（四）需要考虑的其他因素。

第二十二条 专利法第二十三条第三款所称的“合法权利”，包括就作品、商标、地理标志、姓名、企业名称、肖像，以及有一定影响的商品名称、包装、装潢等享有的合法权利或者权益。

第二十三条 当事人主张专利复审、无效宣告请求审查程序中的下列情形属于行政诉讼法第七十条第三项规定的“违反法定程序的”，人民法院应予支持：

（一）遗漏当事人提出的理由和证据，且对当事人权利产生实质性影响的；

（二）未依法通知应当参加审查程序的专利申请人、专利权人及无效宣告请求人等，对其权利产生实质性影响的；

（三）未向当事人告知合议组组成人员，且合议组组成人员存在法定回避事由而未回避的；

（四）未给予被诉决定对其不利的一方当事人针对被诉决定所依据的理由、证据和认定的事实陈述意见的机会的；

（五）主动引入当事人未主张的公知常识或者惯常设计，未听取当事人意见且对当事人权利产生实质性影响的；

（六）其他违反法定程序，可能对当事人权利产生实质性影响的。

第二十四条 被诉决定有下列情形之一的，人民法院可以依照行政诉讼法第七十条的规定，判决部分撤销：

（一）被诉决定对于权利要求书中的部分权利要求的认定错误，其余正确的；

（二）被诉决定对于专利法第三十一条第二款规定的“一件外观设计专利申请”中的部分外观设计认定错误，其余正确的；

（三）其他可以判决部分撤销的情形。

第二十五条 被诉决定对当事人主张的全部无效理由和证据均已评述并宣告权利要求无效，人民法院认为被诉决定认定该权利要求无效的理由均不能成立的，应当判决撤销或者部分撤销该决定，并可视情判决被告就该权利要求重新作出审查决定。

第二十六条 审查决定系直接依据生效裁判重新作出且未引入新的事实和理由，当事人对该决定提起诉讼的，人民法院依法裁定不予受理；已经受理的，依法裁定驳回起诉。

第二十七条 被诉决定查明事实或者适用法律确有不当，但对专利授权确权的认定结论正确的，人民法院可以在纠正相关事实查明和法律适用的基础上判决驳回原告的诉讼请求。

第二十八条 当事人主张有关技术内容属于公知常识或者有关设计特征属于惯常设计的，人民法院可以要求其提供证据证明或者作出说明。

第二十九条 专利申请人、专利权人在专利授权确权行政案件中提供新的证据，用于证明专利申请不应当被驳回或者专利权应当维持有效的，人民法院一般应予审查。

第三十条 无效宣告请求人在专利确权行政案件中提供新的证据，人民法院一般不予审查，但下列证据除外：

（一）证明在专利无效宣告请求审查程序中已主张的公知常识或者惯常设计的；

（二）证明所属技术领域的技术人员或者一般消费者的知识水平和认知能力的；

（三）证明外观设计专利产品的设计空间或者现有设计的整体状况的；

（四）补强在专利无效宣告请求审查程序中已被采信证据的证明力的；

（五）反驳其他当事人在诉讼中提供的证据的。

第三十一条 人民法院可以要求当事人提供本规定第二十九条、第三十条规定的新的证据。

当事人向人民法院提供的证据系其在专利复审、无效宣告请求审查程序中被依法要求提供但无正当理由未提供的，人民法院一般不予采纳。

第三十二条 本规定自 2020 年 9 月 12 日起施行。

本规定施行后，人民法院正在审理的一审、二审案件适用本规定；施行前已经作出生效裁判的案件，不适用本规定再审。

解读——《最高人民法院关于审理专利授权确权行政案件适用法律若干问题的规定（一）》

林广海　李　剑　杜微科　吴　蓉*

2020年9月11日，最高人民法院发布《最高人民法院关于审理专利授权确权行政案件适用法律若干问题的规定（一）》（以下简称《规定》），并于2020年9月12日施行。《规定》的公布施行，对于促进专利行政执法标准与司法裁判标准的统一具有积极作用。为便于正确理解与适用《规定》，现择要阐述《规定》的制定背景、起草中的主要考虑和有关重点问题。

一、《规定》的制定背景与经过

当前，我国正在从知识产权引进大国向知识产权创造大国转变，知识产权工作正在从追求数量向提高质量转变。全面加强专利权司法保护，不断提高专利授权确权行政案件审判能力和水平，是激发全社会科技创新活力的必然要求。人民法院坚持以我为主、人民利益至上、公正合理保护，为贯彻新发展理念、构建新发展格局、推动高质量发展提供司法服务和保障。

最高人民法院于2016年将《规定》列入司法解释立项计划。起草过程中，于2018年7月、2020年4月两次向社会公开征求意见，并多

* 作者单位：最高人民法院。

次征求中央有关部门及全国法院系统意见，广泛听取并吸纳各方建议。2020年8月24日，最高人民法院审判委员会第1810次会议审议通过了《规定》。《规定》共32条，对权利要求用语的界定、以说明书为依据、说明书充分公开、创造性、外观设计专利授权标准以及证据、诉讼程序等重要法律适用问题予以明确。

二、《规定》起草中的主要考虑

一是坚持依法解释。遵循专利法立法精神以及历次法律修改的目的，严格依照法律规定，紧密结合司法实际，对相关法律适用问题进行明确。

二是坚持问题导向。聚焦创新主体关心的突出问题，着力解决难点堵点，提高案件审判质效，增强人民群众获得感、幸福感、安全感。

三是坚持公正合理保护。既要严格平等保护，又要确保公共利益和激励创新兼得。强调专利权的保护范围与其创新程度和公开内容相适应，强化权利要求的公示和划界作用，正确把握与技术贡献程度相适应的专利保护范围和强度，促进专利质量稳步提升。

四是坚持弘扬诚信。认真贯彻实施专利法有关诚信原则的规定，充分发挥裁判规则的示范引领作用，亮明司法态度，确保行为人承担的违法后果与其行为性质相适应，推动知识产权诉讼诚信体系建设。

五是坚持统筹协同。坚持系统观念，整体谋划一体推进，促进专利行政执法标准与司法裁判标准的统一。依法改进裁判方式，强化行政程序与诉讼程序的衔接，提高审判质效，降低当事人诉讼成本，提升实质性解决专利授权确权行政纠纷的整体效能。

三、需要把握的重点问题

（一）权利要求用语的界定

《规定》第二条明确，对于专利授权确权行政案件，人民法院在界定权利要求的用语时同样遵循“内部证据优先”原则。首先，应当以所属技术领域的技术人员阅读权利要求书、说明书及附图后所理解的通常含义界定权利要求的用语。其次，权利要求的用语在说明书及附图中有明确定义或者说明的，从其界定。最后，以上述方法仍无法界定的，可以结合所属技术领域的技术人员通常采用的技术词典、技术手册、工具书、教科书、国家或者行业技术标准等界定。关于原征求意见稿中的“发明目的”，已被本条规定的“所属技术领域的技术人员阅读权利要求书、说明书”所涵盖，故不再单独作出规定。

关于界定权利要求的用语时如何考虑专利审查档案，第二条未作规定，主要考虑是：其一，从社会征求意见的反馈情况看，对于在界定权利要求用语时是否考虑专利审查档案，仍然存在较大争议；其二，专利授权确权行政案件的核心争议在于被诉决定的合法性以及涉案专利（申请）的合法性，而被诉决定以及当事人在行政程序中提交的修改、意见陈述等，本身即构成涉案专利（申请）的审查档案的一部分。为发挥权利要求书以及专利（申请）文件本身的公示作用，应引导权利人（申请人）尽量通过修改专利（申请）文件以符合专利法的相关规定。没有被国务院专利行政部门接受的修改，以及权利人（申请人）单方作出的意见陈述，均具有较强的主观性且未向社会公众公示。司法实践中，可根据具体案情将其作为参考因素之一。

《规定》第三条明确，人民法院界定权利要求的用语时可以参考已被专利侵权民事案件生效裁判采纳的专利权人的相关陈述。该条旨在引导、督促专利权人在专利确权程序和侵权诉讼程序中都能谨慎、诚信地陈述，对权利要求的用语的含义进行解释，避免权利人在不同程序中作不同陈述。司法实践中，专利权人在侵权民事案件中为了将被诉侵权技术方案纳入专利权的保护范围，往往会将权利要求用语作扩大解释。但在专利确权行政案件中，权利人针对无效宣告请求人提出的现有技术和无效理由，往往又会限缩解释权利要求的用语，以避免专利权被宣告无效，即“两头得利”。通过本条规定，专利权人在专利侵权诉讼程序中的相关陈述具有一定的反向作用，有助于避免两头得利的发生。因权利要求书、说明书和附图是界定权利要求用语的根本依据，故专利权人在专利侵权诉讼程序中的陈述仅具有参考作用。本条规定较为原则，既起到引导、督促作用，也为司法实践提供了裁判依据。

《规定》第四条规定，如果权利要求、说明书及附图中存在明显错误或歧义，人民法院应当根据所属技术领域的技术人员阅读权利要求书、说明书及附图后得出的唯一理解，对权利要求、说明书及附图中的明显错误进行“修正”。本条与《最高人民法院关于审理侵犯专利权纠纷案件应用法律若干问题的解释（二）》第四条的规定基本一致。

（二）专利申请人、专利权人虚构、编造技术内容的认定

《规定》第五条规定了专利申请人、专利权人在专利说明书及附图中虚构、编造技术内容的法律后果。在专利授权确权行政案件审判实践中，一定程度上存在专利申请人、专利权人违反诚实信用原则，虚构、编造说明书及附图中的技术内容的情形。此种情形在涉及化学、医药、材料等需要实验数据验证的技术领域较为突出，严重扰乱了正常的专利申请、审查和案件审理秩序。2020年修正的专利法第二十条规定：“申请专利和行使专利权应当遵循诚实信用原则。”《国家知识产权局关于规范申请专利行为的办法》第二条明确，“所提交专利申请存在编造、伪造或变造发明创造内容、实验数据或技术效果”属于“非正常申请专利行为”。为依法制裁此类违法行为，本条明确对于此类情形，当事人主张相关权利要求不符合专利法有关规定的，人民法院应予支持。司法实践中，人民法院可以适用专利法第二十六条第三款的规定，认定与虚构、编造的技术内容相关的权利要求应当被宣告无效。

（三）说明书充分公开的认定

《规定》第六条对专利法第二十六条第三款有关说明书“充分公开”的适用作了进一步明确。理解与适用该条应把握三个方面：一是

在认定说明书是否“充分公开”时，应以“所属技术领域的技术人员”作为判断主体。二是判断充分公开的时间点，应以申请日为准。三是对于是否“充分公开”，应聚焦“权利要求限定的技术方案”，以“所属技术领域的技术人员能够实现”为准。该条还明确了未“充分公开”的三类具体情形。说明书中的特定内容未能充分公开的，人民法院应当注意有所区分，认定保护范围与之相关的特定权利要求不符合专利法第二十六条第三款的规定，而不能笼统地认定整个专利或者全部权利要求不符合法律规定。

（四）权利要求以说明书为依据

根据专利法第二十六条第四款的规定，专利权人、专利申请人可以在说明书、附图公开的技术内容的基础上，合理概括一定的保护范围，而不仅仅限于具体实施方式本身。相应的，专利权的保护范围应当与专利的技术贡献、创新程度以及说明书公开的技术内容相适应。故《规定》第八条规定，所属技术领域的技术人员在申请日“不能得到或者合理概括得出权利要求限定的技术方案”的，不符合专利法第二十六条第四款的规定。

专利说明书与权利要求书紧密联系、相互依存，专利法第二十六第三款、第四款的适用也是一体两面，高度关联的。故《规定》第六条规定，当事人仅依据说明书中未充分公开的特定技术内容，主张与该特定技术内容相关的权利要求符合专利法第二十六条第四款关于“权利要求书应当以说明书为依据”的规定的，人民法院不予支持。

《规定》第九条对以功能或者效果限定的技术特征（功能性特征）作出规定。功能性特征以拟实现的特定功能或者效果限定专利权的保护范围，而不是以实现该功能或者效果的具体技术手段（结构、连接关系、步骤、工艺条件等）进行限定，其字面含义限定的保护范围极为宽泛，包括能够实现该功能或者效果的所有具体实施方式。为确保公共利益和激励创新兼得，给后续科技创新和改进发明留下必要的空间，

《最高人民法院关于审理侵犯专利权纠纷案件应用法律若干问题的解释》第四条规定，人民法院应当结合说明书和附图描述的该功能或者效果的具体实施方式及其等同的实施方式，确定该技术特征的内容。《最高人民法院关于审理侵犯专利权纠纷案件应用法律若干问题的解释（二）》第八条对功能性特征的界定作出了进一步的规定。

在构成司法解释所称功能性特征的前提下，如果说明书、附图中没有记载实现功能性特征的任何具体实施方式，那么在认定功能性特征的保护范围时会存在难以克服的障碍。尤其是对于实用新型专利而言，其在授权前没有经过实质性审查，更加容易出现此类情形。故本条规定可以认定其不符合专利法第二十六条第三款的规定。因此，权利人（专利申请人）在撰写说明书时，至少应当记载一项与功能性特征对应的具体实施方式，以符合专利说明书应当"充分公开"的规定。至于根据该具体实施方式，是否能够得到或者合理概括得出该功能性特征，以符合专利法第二十六条第四款的规定，仍然需要根据案件具体情况进行审理和认定。

（五）实际解决的技术问题

《规定》第十三条对判断创造性时确定"实际解决的技术问题"作出规定。在认定权利要求的创造性时，以"三步法"作为最主要的判断方法，其中的第二步为根据权利要求与最接近的现有技术的区别技术特征，来确定权利要求限定的技术方案所实际解决的技术问题。该条第一款规定，如果说明书中没有明确记载与区别技术特征对应的技术效果，可以结合所属技术领域的公知常识、区别技术特征与其他技术特征的关系、区别技术特征在权利要求限定的技术方案中的作用等作出认定。

在涉及创造性判断的案件中，人民法院确定实际解决的技术问题的目的，是使得技术启示的认定以及权利要求的创造性的判断更为客观。故第十三条第二款规定，即使被诉决定对于实际解决的技术问题未予认定或者认定错误的，不影响人民法院对权利要求是否具有创造性依法作出认定，而不能仅以实际解决的技术问题认定错误为由即撤销被诉决定。之所以这样规定，是为了实质性解决当事人之间有关权利要求是否具有创造性的争议。

（六）外观设计的设计空间

设计空间，是指对产品的外观设计进行创新性设计的自由度。在近年来的行政执法和司法实践中，已有多件案件对设计空间进行了认定，逐步形成了共识。《规定》第十四条第一款对设计空间作出规定，与《最高人民法院关于审理侵犯专利权纠纷案件应用法律若干问题的解释（二）》第十四条的规定基本一致。《规定》第十四条第二款对认定设计空间时需要考虑的因素作出规定。

（七）外观设计专利是否符合专利法第二十三条的认定

专利法第二十三条规定了外观设计专利应当满足的授权确权条件，第九条对禁止重复授权作出了规定。《规定》第十六条至第二十二条对相关情形的认定作出进一步明确。

《规定》第十七条第一款规定的是“属于现有设计”的情形，即外观设计专利与一项现有设计单独对比，二者的整体视觉效果相同或者实质相同；第二款规定的是，外观设计专利与一项现有设计单独对比，二者的整体视觉效果不具有“明显区别”的认定；第三款对产品种类是否相同或者相近的认定作出规定，该规定与《最高人民法院关于审理侵犯专利权纠纷案件应用法律若干问题的解释》第九条的规定基本一致。

《规定》第十九条对外观设计专利的“抵触设计”作出了规定。根据专利法第二十三条第一款的规定，在相同或者相近种类产品上，如果在先申请、在后公开另一项外观设计专利申请，并且其与外观设计专利的整体视觉效果相同，或者属于仅具有细微区别等实质相同的情形，则构成外观设计专利的抵触设计。

《规定》第二十条对外观设计专利与现有设计特征的组合相比是否具有“明显区别”的认定作出规定。专利法第二十三条第二款规定：“授予专利权的外观设计与……现有设计特征的组合相比，应当具有明显区别。”该规定是专利法2008年修正时增加的内容，目的是提高外观设计专利授权标准，提升专利质量。该规定明确了可以对不同的现有设计的设计特征进行组合后，再与外观设计专利对比。该规定与发明、实用新型专利的创造性的认定类似。故作出本条规定时，参考、借鉴了创造性认定的相关规定和经验。一是借鉴了创造性判断中的“技术启示”的概念。即可以综合考虑现有设计的整体状况，根据现有设计整体上给出的设计启示进行判断，以使得判断标准更加客观。二是判断主体采用了一般消费者，没有采用本领域的设计人员，以避免在认定外观设计专利的合法性时，在适用不同法律规定时采取不同的判断主体。三是认定外观设计专利是否具有“明显区别”，关键在于其整体视觉效果是否是“容易想到”的。即根据现有设计，是否容易想到通过常规的设计方法，包括设计特征的转用、拼合或者替换等，获得整体视觉效果相同或者实质相同（仅有细微区别）的外观设计。四是规定需要考虑外观设计专利是否具有“独特视觉效果”。《规定》第二十条第二款对于“设计启示”的认定进行了列举。第二十一条对“独特视觉效果”进行了规定。

关于禁止重复授权，专利法第九条规定：“同样的发明创造只能授予一项专利权。”《规定》第十八条对外观设计专利重复授权的认定作出进一步规定。需要注意的是，外观设计专利权的保护范围不仅与外观设计本身有关，也与体现该外观设计的产品类别有关；外观设计专利权的保护范围具有一定的弹性，既包括外观设计相同的情形，也包括与外观设计专利实质相同的情形。因此，如果两项外观设计专利的保护范围存在实质性差异，则不属于重复授权。

（八）与证据有关的问题

1. 实验数据

实验数据是通过实验形成的，人民法院审查认定时，既要考虑实验数据本身是否客观真实，也要考虑实验过程是否客观真实，以及实验方案与专利技术方案的相关性。实验数据的真实性和准确性涉及多种因素，尤其是实验原料、步骤、条件、环境或者参数等，与之相关的证据材料一般均由提交实验数据的一方当事人所掌握。

综合考虑双方当事人的主张及证据持有情况、举证能力等因素，《规定》第十一条规定，当事人对实验数据的真实性产生争议时，提交实验数据的一方当事人应当举证证明实验数据的来源和形成过程。人民法院还可以通知实验负责人到庭就实验原料、步骤、条件、环境或者参数以及完成实验的人员、机构等作出说明。实验负责人出庭作出说明时，要接受人民法院的询问，经人民法院准许，对方当事人、诉讼代理人及其有关专家辅助人等也可以对其进行询问，以便人民法院对实验数据的真实性作出正确认定。

关于《规定》第十条规定的“药品专利申请人在申请日以后提交补充实验数据”，其本身并不是专利说明书的组成部分。人民法院审查时既要注意药品研发确有自身特点和规律，也要坚持专利法规定的先申请制度和“公开换保护”基本原理；既要依法保护创新成果，也要防止申请人抢占申请日“跑马圈地”后又通过补充实验数据获得不正当利益，确保公共利益和激励创新兼得。

2. 公知常识、惯常设计

公知常识和惯常设计，涉及所属技术领域的技术人员和一般消费者的知识水平和认知能力的认定，属于司法认知的范畴。客观认定所属技术领域的技术人员和一般消费者的知识水平和认知能力，对于依法、公正审理好专利授权确权案件具有重要影响。由于具体案件可能会涉及不同的专业技术领域、不同产品类别以及客观认识的局限性，当事人在诉讼中也常常对此产生较大争议。《规定》第二十八条规定，对于当事人主张的公知常识和惯常设计，人民法院可以要求其提供证据证明或者充分说明。通常而言，所属技术领域普遍采用的工具书、教科书、字典、词典、手册、国家或者行业标准等，可以作为认定公知常识和惯常设计的证据。

3. 新的证据

专利授权确权行政诉讼是关于是否授予专利权和专利权是否有效的司法救济程序，为证明其主张成立，当事人可能会在诉讼过程中提供其在行政程序中没有提供过的新的证据。对于专利申请人和专利权人在此阶段提供证据用于证明专利申请应当授权，或者专利权有效的，由于已经没有其他救济途径或者补救措施，故《规定》第二十九条规定人民法院一般应当予以审查。

无效宣告请求人在专利确权行政案件中提供新的证据，用于证明专利权应当被宣告无效的，由于其可以另行提出无效宣告请求，且相关证据已经超出无效行政决定的审理范围，故《规定》第三十条规定人民法院一般不予审查。但是，对于不涉及新的事实和理由的证据，与所属技术领域的技术人员或者一般消费者的知识水平和认知能力有关的证据，以及反驳证据等，可以允许其提交并审查。

（九）关于裁判方式

1. 被诉决定的部分撤销

行政诉讼法第七十条规定："行政行为有下列情形之一的，人民法院判决撤销或者部分撤销，并可以判决被告重新作出行政行为：……"为进一步提高行政审查和司法诉讼效率，有效解决当前审判实践中存在的专利权效力迟迟难以确定等问题，《规定》第二十四条规定人民法院可以仅对被诉决定中的错误部分予以撤销，维持被诉决定中的正确部分。由此，有利于避免在被诉决定中存在可以区分的部分的情况下，简单地全部撤销被诉决定并判令国务院专利行政部门全部重新作出审查决定。

起草过程中，有观点认为，对于《规定》第二十四条规定的情形，应由国务院专利行政部门重新作出决定。我们认为，依照行政诉讼法第七十条的规定，人民法院有权仅判决撤销审查决定的错误部分，在不影响当事人实体权利的情况下，可不再判令国务院专利行政部门重新作出审查决定，以防止国务院专利行政部门根据生效判决再次作出审查决定后，又被提起诉讼形成循环诉讼。

2. 视情判决重新作出审查决定

依照行政诉讼法第七十条的规定，在该条规定的特定情形下，人民法院“可以”而不是“应当”判决被告重新作出行政行为。因此，根据具体案情，人民法院有权不再判决被告重新作出行政行为。在国务院专利行政部门已经对当事人主张的全部无效理由和证据均进行审查并作出认定，宣告专利权无效的情形下，一旦被诉决定被生效判决撤销，则专利权自然仍处于合法有效的状态。此时，没有必要由国务院专利行政部门再次审查，对一项本就有效的专利重新作出审查决定并认定其有效，同时也可以避免当事人对重新作出的审查决定再次提起行政诉讼，产生循环诉讼和程序空转。因此，《规定》第二十五条规定此种情形下，人民法院“可视情判决被告就该权利要求重新作出审查决定”。

3. 不再撤销被诉决定

当事人不服专利复审决定或专利无效宣告请求审查决定而提起行政诉讼，一般都会请求撤销被诉决定，判令国务院专利行政部门重新作出审查决定。专利授权确权行政案件中的实质性争议，绝大多数在于对专利申请是否应当获得授权或者专利权是否应当被宣告无效作出的认定。尤其是，专利无效行政程序中有关专利权效力的认定，往往直接涉及相关专利侵权民事案件的审理，如果不能尽早确定专利权的效力，会导致专利权的效力和当事人的权利义务关系长期处于不稳定状态，影响相关民事案件的审理。因此，《规定》第二十七条规定，在专利复审决定、无效宣告请求审查决定的结论正确的情况下，即使其中认定事实和适用法律存在错误，人民法院可以在裁判文书的判理部分纠正相关错误后驳回原告诉讼请求，而不再撤销被诉决定。

（十）关于“一事不再理”

在被诉决定被生效裁判撤销的情况下，国务院专利行政部门应依据该生效裁判的认定以及判项，重新作出审查决定。在新作出的决定直接依据生效裁判作出，并未引入新的事实和理由，与前案的当事人、事实和理由等均相同的情况下，当事人再次对新的决定提起的行政诉讼与之前的行政诉讼构成“一事”。故《规定》第二十六条规定，当事人对该新的决定提起诉讼的，人民法院依法裁定不予受理；已经受理的，依法裁定驳回起诉。

最高人民法院
关于推进行政诉讼程序繁简分流改革的意见

2021年5月14日　　　　法发〔2021〕17号

为深化行政诉讼制度改革，推进行政案件繁简分流、轻重分离、快慢分道，优化行政审判资源配置，推动行政争议实质化解，依法保护公民、法人和其他组织合法权益，支持和监督行政机关依法行政，根据《中华人民共和国行政诉讼法》（以下简称行政诉讼法）及司法解释的规定，结合审判工作实际，制定本意见。

一、一般规定

第一条 人民法院应当严格规范审理复杂行政案件，依法快速审理简单行政案件，完善行政诉讼简易程序适用规则，推动电子诉讼的应用，引导当事人正确行使诉讼权利、依法履行诉讼义务，全面提升行政审判质量、效率和公信力。

第二条 第一审人民法院审理下列行政案件，可以作为简单案件进行审理：

（一）属于行政诉讼法第八十二条第一款、第二款规定情形的；

（二）不符合法定起诉条件的；

（三）不服行政复议机关作出的不予受理或者驳回复议申请决定的；

（四）事实清楚、权利义务关系明确、争议不大的政府信息公开类、履行法定职责类以及商标授权确权类行政案件。

第二审人民法院对于第一审人民法院按照简单案件快速审理的上诉案件，以及当事人撤回上诉、起诉、按自动撤回上诉处理的案件，针对不予立案、驳回起诉、管辖权异议裁定提起上诉的案件等，可以作为简单案件进行审理。

高级人民法院可以探索开展行政申请再审案件繁简分流工作。

第三条 人民法院可以建立行政案件快审团队或者专业化、类型化审判团队，也可以设立程序分流员，负责行政案件繁简分流，实现简案快审、类案专审、繁案精审。

二、促进行政争议诉前分流

第四条 人民法院应当强化行政争议的诉源治理，完善行政诉讼与行政复议、行政裁决等非诉讼解纷方式的分流对接机制，探索建立诉前和解机制，依托司法与行政的良性互动，加强行政争议多元化解及相关平台建设。

第五条 行政诉讼法规定可以调解的案件、行政相对人要求和解的案件，或者通过和解方式处理更有利于实质性化解行政争议的案件，人民法院可以在立案前引导当事人自行和解或者通过第三方进行调解。开展诉前调解应在调解平台上进行，并编立相应案号。

建立非诉讼调解自动履行正向激励机制，通过将自动履行情况纳入诚信评价体系等，引导当事人自动、即时履行调解协议，及时化解行政争议。

第六条 经诉前调解达成和解协议，当事人共同申请司法确认的，人民法院可以依法确认和解协议效力，出具行政诉前调解书。

当事人拒绝调解或者未达成和解协议，符合法定立案条件的，人民法院应当依法及时登记立案。

立案后，经调解当事人申请撤诉，人民法院审查认为符合法律规定的，依法作出准予撤诉的裁定。

第七条 诉前调解中，当事人没有争议的事实应当记入调解笔录，并由当事人签字确认。

在审理过程中，经当事人同意，双方在调解过程中已确认的无争议事实不再进行举证、质证，但当事人为达成和解协议作出妥协而认可的事实或者有相反证据足以推翻的事实除外。

三、健全简易程序适用规则

第八条 人民法院依照行政诉讼法第八十二条第一款规定适用简易程序审理的行政案件，可以向当事人发送简易程序审理通知书，告知审理方式、审理期限等事项。

人民法院依照行政诉讼法第八十二条第二款规定审理其他第一审行政案件，应当征求当事人意见。征求意见可以通过诉讼平台、电话、手机短信、即时通讯账号等简便方式进行。当事人不同意适用简易程序的，应当自收到通知之日起五日内向人民法院提出。期限内未提出异议的，人民法院可以按照简易程序进行审理。

第九条 人民法院适用简易程序审理行政案件，可以根据案件情况，采取下列方式简化庭审程序，但应当保障当事人答辩、举证、质证、陈述、辩论等诉讼权利：

（一）已经通过开庭前准备阶段或者其他方式完成当事人身份核实、权利义务告知、庭审纪律宣示的，开庭时可以不再重复；

（二）庭审直接围绕与被诉行政行为合法性相关的争议焦点展开，法庭调查、法庭辩论可以合并进行。

当事人双方表示不需要答辩期间、举证期限的，人民法院可以迳行开庭，开庭时间不受答辩期间、举证期限的限制。

适用简易程序审理的案件，应当一次开庭审结，但人民法院认为确有必要再次开庭的除外。

第十条 适用简易程序审理行政案件的庭审录音录像，经当事人同意的，可以代替法庭笔录。

第十一条 人民法院适用简易程序审理行政案件，可以简化裁判文书，但应当包含当事人基本信息、诉讼请求、答辩意见、主要事实、简要裁判理由、裁判依据和裁判主文，以及诉讼费用负担、告知当事人上诉权利等必要内容。

第十二条 由简易程序转为普通程序审理的案件，转为普通程序前已经进行的诉讼行为有效，双方当事人已确认的无争议事实，可以不再进行举证、质证。

由简易程序转为普通程序的案件，不得再转为简易程序审理。

四、依法快速审理简单案件

第十三条 人民法院经过阅卷、调查或者询问当事人，认为原告起诉不符合法定起诉条件的，可以迳行裁定驳回起诉，但需要开庭审理查明相关事实的除外。

第十四条 开庭前准备阶段已核实当事人身份、告知权利义务、进行证据交换的，开庭审理时不再重复进行。

开庭前准备阶段确认的没有争议并记录在卷的证据，经人民法院在法庭调查时予以说明、各方当事人确认后，可以作为认定案件事实的依据。

第十五条 复议机关为共同被告的案件，对于复议决定与原行政行为认定一致的事实，对方当事人在庭审中明确表示认可的，人民法院可以简化庭审举证和质证，但有相反证据足以推翻该事实的除外。

第十六条 人民法院对具备下列情形之一的上诉案件，经过阅卷、调查或者询问当事人，对没有提出新的事实、证据或者理由的，可以不开庭审理：

（一）不服一审行政裁定的；

（二）当事人认为一审裁判适用法律法规错误的。

在依法保障当事人诉讼权利的情况下，第二审人民法院可以通过诉讼平台、电话、手机短信、即时通讯账号等简便方式询问当事人，并记录在案，但涉及新的事实或者新证据的除外。

第十七条 人民法院审查申请再审案件，应当依据行政诉讼法第九十一条规定，结合当事人的再审请求及理由进行审查。需要询问当事人的，可以通过诉讼平台、电话、手机短信、即时通讯账号等简便方式进行。

当事人主张的再审事由明显不成立的，或者不符合申请再审条件的，驳回再审申请裁定可以适当简化，但应当包含当事人基本信息、案件由来、申请人申请再审的请求和理由、简要裁判理由、裁判依据和裁判主文等必要内容。

第十八条 依法快速审理的简单行政案件，庭审笔录可以适当简化。相关庭审录音录像应当制作光盘等存储介质，一并入卷归档。

第十九条 对事实清楚、权利义务关系明确、争议不大的政府信息公开、不履行法定职责、不予受理或者程序性驳回复议申请以及商标授权确权等行政案件，人民法院可以结合被诉行政行为合法性的审查要素和当事人争议焦点开展庭审活动，并可以制作要素式行政裁判文书。

要素式行政裁判文书可以采取简易方式，按照当事人情况、诉讼请求、基本事实、裁判理由和裁判结果等行政裁判文书的基本要素进行填写。

第二十条 不同当事人对同一个或者同一类行政行为分别提起诉讼的，可以集中立案，由同一审判团队实行集中排期、开庭、审理、宣判。

第二十一条 人民法院审理简单行政案件过程中，发现案件疑难复杂的，应当及时转为复杂案件进行审理。需要变更合议庭或者审判员的，应当告知当事人。

第二十二条 人民法院、当事人及其他诉讼参与人通过信息化诉讼平台在线开展行政诉讼活动，行政诉讼法没有规定的，可以参照适用民事诉讼法及民事诉讼程序繁简分流的相关规定。

五、附则

第二十三条 本意见自2021年6月1日起施行。

解读——《最高人民法院关于推进行政诉讼程序繁简分流改革的意见》*

一、起草背景

深化行政诉讼制度改革，是推进全面依法治国、促进国家治理体系和治理能力现代化的重要举措，是满足新时代人民群众日益增长司法需求的重要方式。习近平总书记指出，“要深化诉讼制度改革，推进案件繁简分流、轻重分离、快慢分道”，为行政诉讼繁简分流改革指明了方向。《最高人民法院关于推进行政诉讼程序繁简分流改革的意见》（以下简称《意见》）在起草过程中，坚持以习近平新时代中国特色社会主义思想为指导，深入贯彻党的十九大和十九届二中、三中、四中、五中全会精神，切实根据司法实践需要，遵循司法规律推进行政案件繁简分流改革；坚持以人民为中心，践行司法为民宗旨，创新程序规则，优化程序机制，强化权利保障，着力解决一些地方化解行政纠纷渠道不足、解纷方式单一、诉讼条件不便捷，权利保障不充分的问题。

长期以来，最高人民法院高度重视行政诉讼繁简分流工作。2010年，最高人民法院发布《关于开展行政诉讼简易程序试点工作的通知》（法〔2010〕446号），在部分基层人民法院开展行政诉讼简易程序试点工作。2016年，最高人民法院发布《关于进一步推进案件繁简分流优化司法资源配置的若干意见》（法发〔2016〕21号），明确提出简化行政案件审理

* 根据最高人民法院相关负责人就《最高人民法院关于推进行政诉讼程序繁简分流改革的意见》答记者问整理。

程序、径行裁定驳回起诉以及探索建立行政速裁工作机制等内容。《最高人民法院关于适用〈中华人民共和国行政诉讼法〉的解释》（法释〔2018〕1号）根据行政诉讼法的规定对适用简易程序审理案件作出若干具体规定。近年来，随着行政审判实践的不断发展，行政纠纷日益多样化，人民群众对于司法质量、司法效率和司法公信力有了更高的要求。同时，一些法院的行政案件也出现了积压、审理周期长、办案压力较大、简易程序适用率偏低、快速审理简单案件缺乏统一标准等问题。在充分调研并征求意见的基础上，最高人民法院适时发布《意见》，对行政诉讼制度改革和实质化解行政争议将会起到积极的推进作用。

值得注意的是，2020年1月15日，最高人民法院印发《民事诉讼程序繁简分流改革试点方案》和《民事诉讼程序繁简分流改革试点实施办法》，正式启动为期两年的试点工作。行政诉讼程序繁简分流改革与民事诉讼程序繁简分流改革试点的目标都是深化诉讼制度改革，推进案件繁简分流、轻重分离、快慢分道，优化司法资源配置，提升审判质量和效率，更好满足人民群众多层次、多样化的解纷需求。民事诉讼程序繁简分流改革经过一年多试点探索，取得了阶段性成效，总结梳理行之有效的经验做法，可以作为推进行政诉讼程序繁简分流改革的有益参照。行政诉讼繁简分流改革根本目标是提升人民群众的获得感和满意度，绝不以减损人民群众诉讼权益来换取审判提速增效，切实通过构建分层递进、繁简结合、供需适配的多元纠纷化解机制，提升人民群众的获得感和满意度。

二、《意见》主要内容及下一步工作

《意见》共分为五个部分。主要内容是：明确规定推进行政诉讼程序繁简分流改革的指导思想、繁简分流标准以及专门团队；强化行政争议的诉源治理和多元化解，探索建立与行政案件繁简分流相衔接的诉前和解机制，促进行政争议诉前分流；进一步明确简易程序的适用情形及规则，明确当事人异议权，充分发挥简易程序高效、便捷、低成本等优势；依法推动行政诉讼程序简捷化，快速审理简单案件，促使审判资源配置更加精准对应人民群众多元解纷需求；等等。

下一步，最高人民法院将加强对各级人民法院行政诉讼程序繁简分流改革工作的跟踪指导和实效评估，定期总结繁简分流改革落实情况，分析工作态势，重点关注和评估提高审判质效、提供诉讼便利、降低诉讼成本、提升解纷效果等情况，并在全面总结改革经验的基础上进一步完善相关配套制度。

三、《意见》在实现行政诉讼简案快审、司法为民便民、保障当事人诉讼权利方面的规定

为了保证司法裁判公正高效，促进行政诉讼简案快审、繁案精审，努力实现当事人诉讼权益不减损、司法效能有提升、争议解决见成效，《意见》主要从以下两方面作了规定：

第一，提高简易程序适用率，积极引导当事人适用简易程序审理行政案件。行政诉讼法第八十二条规定了适用简易程序的两种情形，即第一款规定被诉行政行为是当场作出的、涉及款额二千元以下的、政府信息公开等三类案件，此三类案件事实清楚、权利义务关系明确、争议不大的，一审法院可以适用简易程序进行审理；第二款规定除第一款以外的其他一审行政案件，经当事人各方同意的，一审法院也可以适用简易程序。《意见》第三部分进一步细化了征求当事人意见的方式，为了方便当事人诉讼，可以通过诉讼平台、电话、手机短信、即时通讯账号等简便方式进行，同时保障了当事人的异议权。这些针对性的规定，既符合行政诉讼法的要求，又适应民事诉讼程序繁简分流改革关于适用简易程序的内容，充分尊重了当事人的程序选择权、利益处分权和诉讼知情权，切实实现“简化程序不减权利，提高效率不降标准”，切实维护人民群众合法权益。

第二，根据个案难易程度、当事人司法需求等具体情况进行甄别，实现审判质量效率双提升。《意见》第四部分规定依法快速审理简单案件，在适用行政诉讼法规定的简易程序、普通程序、二审程序等程序审理行政案件时，对简单案件分别适用简易程序、普通程序快速审理、二审程序从快办理等，实现快慢分道、繁简分流。例如，当事人认为一审裁判适用法律法规错误或者当事人不服一审驳回起诉裁定提起上诉的二审案件，可以作为简单案件进行审理，在不违反法定程序的前提下促进案件审理过程的简化提速，实现审判组织与案件类型、审理程序灵活精准匹配，切实优化司法资源配置。

最高人民法院行政诉讼法司法解释理解与适用

（第七十九条至第八十一条）

最高人民法院行政审判庭

第七十九条　原告或者上诉人申请撤诉，人民法院裁定不予准许的，原告或者上诉人经传票传唤无正当理由拒不到庭，或者未经法庭许可中途退庭的，人民法院可以缺席判决。

第三人经传票传唤无正当理由拒不到庭，或者未经法庭许可中途退庭的，不发生阻止案件审理的效果。

根据行政诉讼法第五十八条的规定，被告经传票传唤无正当理由拒不到庭，或者未经法庭许可中途退庭的，人民法院可以按期开庭或者继续开庭审理，对到庭的当事人诉讼请求、双方的诉辩理由以及已经提交的证据及其他诉讼材料进行审理后，依法缺席判决。

【条文主旨】

本条是关于原告、被告、第三人、上诉人无正当理由拒不到庭、中途退庭如何处理的规定。

【起草背景】

本条第一款、第二款沿用了《若干解释》第四十九条规定，第三款借鉴了《民诉解释》第二百四十一条规定。

【条文释义】

撤诉指的是原告提起诉讼后，在人民法院宣告判决或者裁定前，按照法律规定的程序，向人民法院请求撤回自己的起诉。撤诉属于原告对自己的起诉权利进行的处分，也是法律赋予的权利。该权利的行使也应在法律规定的范围内进行。根据行政诉讼法第六十二条规定，原告申请撤诉，是否准许，应由法院进行裁定。申请撤诉必须同时符合下列四个条件，人民法院才能裁定准予撤诉：第一，提出撤诉的申请必须是原告或者经特别授权的委托代理人，缺乏诉讼能力的原告应由其法定代理人提出；第二，申请撤诉必须是原告的真实意愿；第三，申请撤诉必须在人民法院对该案宣告判决或者裁定前提出；第四，申请撤诉必须在法律规定的范围内，不得损害国家利益、公共利益及他人的合法权益。如果出现人民法院裁定不予准许撤诉，原告或者上诉人无正当理由拒绝到庭或者未经许可中途退庭的如何处理？考虑到当事人诉讼地位平等，比照行政诉讼法第五十八条的规定“被告无正当理由拒不到庭，或者未经法庭许可中途退庭的，可以缺席判决”进行处理。

第二款是关于第三人经传票传唤无正当理由拒不到庭，或者未经法庭许可中途退庭的处理。行政诉讼的第三人是具有独立诉讼地位的诉讼参加人，与民事诉讼中的第三人不同，其不能以本诉的原、被告为共同被告，也不必然站在本诉原、被告中的一方，其参加诉讼的目的是维护自己的利益，其参与诉讼是因为与被诉行政行为有利害关系，该第三人不具有独立的请求权。基于其诉讼地位的考虑，拒不到庭或者未经许可中途退庭的，不发生阻却案件审理的效果。

第三款中对于被告缺席案件的审理进行了规定。缺席判决作为重要的审判方式，对于无故不到庭或者未经许可中途退庭，故意拖延诉讼，藐视国家法律，及时行使审判权的一种法律手段，也是促使当事人积极参加庭审，充分行使诉讼权利的重要措施。对于平等保护各方权益，保证庭审正常进行，提高审判效率和维护司法权威等方面起到重要作用。也是行政诉讼中双方当事人地位平等的应有之义。

【实务指导】

对于第三款中的证据审查而言，一般可以分为被告不完全应诉和被告完全不应诉两种情形。前者指的是被告知悉诉讼的存在，并提交了证据资料，于开庭当日缺席；后者指的是被告收到了起诉状副本等材料，知晓诉讼存在，经传票传唤不提交答辩状也不出庭。对于前者一般可以认为事实上实际应诉，对其提交的答辩状和证据进行全面审查；对于后者，法官可根据一方提交材料，从职业道德出发，运用逻辑推理和经验进行全面客观审查。

（徐超撰写）

第八十条　原告或者上诉人在庭审中明确拒绝陈述或者以其他方式拒绝陈述，导致庭审无法进行，经法庭释明法律后果后仍不陈述意见的，视为放弃陈述权利，由其承担不利的法律后果。

当事人申请撤诉或者依法可以按撤诉处理的案件，当事人有违反法律的行为需要依法处理的，人民法院可以不准许撤诉或者不按撤诉处理。

法庭辩论终结后原告申请撤诉，人民法院可以准许，但涉及到国家利益和社会公共利益的除外。

【条文主旨】

本条是关于当事人在法庭上故意拒绝陈述规制、不准予撤诉以及法庭辩论终结后原告申请撤诉如何处理的规定。

【起草背景】

行政诉讼法明确规定了当事人的权利，例如当事人依法享有陈述、辩论权利等。同时，当事人必须依照法律规定行使诉讼权利，遵守诉讼秩序，庭审中听从审判长的统一指挥。起草小组在调研中发现，有的当事人将法庭当成发泄个人不满的舞台，不服从审判长指挥；有的当事人藐视法庭不举证不陈述，致使庭审无法进行；等等。这些行为严重背离了行政诉讼的目的，损害了司法权威。目前，在行政诉讼领域，这种情况比较突出，必须依法予以遏制。此外，对于当事人申请撤诉或者依法可以按撤诉处理的案件，当事人有违反法律的行为需要依法处理的以及法庭辩论终结后原告申请撤诉的人民法院如何处理等，司法实践中还有不同做法。本条对此作了规定。

【条文释义】

本条包括三款，主要包括以下内容。

一、原告或者上诉人在庭审中明确拒绝陈述或者以其他方式拒绝陈述，导致庭审无法进行，经法庭释明法律后果后仍不陈述意见的，视为放弃陈述权利，由其承担不利的法律后果

原告或者上诉人参加诉讼，应当正当行使诉讼权利，不得滥用诉讼权利，更不能采取拒绝陈述或者以其他方式拒绝陈述等，扰乱庭审秩序。原告或者上诉人拒绝陈述，本质上是一种放弃诉讼权利的行为，也是一种放弃举证权利的行为。对于这种行为如何处理，各地法院做法还不一致。有的法院认为，对于这种行为应当按照撤诉处理。理由是，根据行政诉讼法第五十八条的规定，经人民法院传票传唤，原告无正当理由拒不到庭，或者未经法庭许可中途退庭的，可以按照撤诉处理。原告或者上诉人拒绝陈述的行为，在法律效果上等于无视法庭的指挥，应当视为“未经法庭许可中途退庭”，应当按照撤诉处理。在司法实践中，有的法院（例如江苏南通中院、安徽歙县法院、山西晋城中院等）采取视为自动放弃诉讼权利，按照撤诉处理，有效规范了庭审秩序。例如，江苏省南通市中级人民法院（2015）通中行初字第00104号裁定认为：“原告的上述行为，实质上是拒绝法庭审理的表现，意味着其以明示方式拒绝法院的裁判，并主动放弃了自己的诉讼权利，行为效果等同于原告未经法庭许可自动退庭，可以按撤诉处理。”有的法院认为，原告或者上诉人拒绝陈述，按照行政诉讼法第五十八条的规定依据不足。在这种情况下，原告或者上诉人实际上属于放弃权利，特别是放弃举证权利，由其自行承担法律后果即可。当然，需要满足以下几个条件：一是行为要素。即原告或者上诉人在庭审中明确拒绝陈述或者以其他方式拒绝陈述。二是结果要素。即原告或者上诉人在庭审中明确拒绝陈述或者以其他方式拒绝陈述客观上导致庭审无法进行。三是释明要素。即人民法院此时需要履行释明义务，释明的内容是告知原告或者上诉人不利法律后果。在满足上述三个条件的基础上，人民法院可以视为放弃陈述权利，由其承担不利的法律后果。

二、当事人申请撤诉或者依法可以按撤诉处理的案件，当事人有违反法律的行为需要依法处理的，人民法院可以不准许撤诉或者不按撤诉处理

根据行政诉讼法第六十二条的规定，人民法院对行政案件宣告判决或者裁定前，原告申请撤诉的，或者被告改变其所作的行政行为，原告同意并申请撤诉的，是否准许，由人民法院裁定。这是原告申请撤诉的情形。根据行政诉讼法第五十八条的规定，经人民法院传票传唤，原告无正当理由拒不到庭，或者未经法庭许可中途退庭，可以按照撤诉处理。根据本解释第六十一条的规定，原告或者上诉人未按规定的期限预交案件受理费，又不提出缓交、减交、免交申请，或者提出申请未获批准的，按自动撤诉处理。是否准许撤诉以及是否按照撤诉处理，属于人民法院的裁量权限。人民法院应当审查原告或者上诉人撤诉的合法性以及是否应当按照撤诉处理。如果人民法院经审查认为当事人有违反法律的行为需要依法处理的，可以不准许撤诉或者不按撤诉处理。这里的“有违反法律的行为”不仅包括行政诉讼法第五十九条规定的妨害诉讼的行为，也包括违反现行法律法规规章的违法行为。

三、法庭辩论终结后原告申请撤诉，人民法院可以准许，但涉及到国家利益和社会公共利益的除外

法庭辩论终结后，案件事实一般已经查明，法律适用问题也比较明确，原告的撤诉权利受到一定的限制。但是，撤诉权是当事人的处分权，如果撤诉权利是在法律准许的范围内行使，不损害国家利益和社会公共利益的情况下，人民法院可以准许。在司法实践中，原告非正常撤诉的情况比较突出，人民法院在对原告的申请进行审查时，既要尊重原告处分自己诉讼权利的自由，也要考虑原告撤诉是否其真实意愿，更要注意撤诉是否损害国家利益或者社会公共利益。特别是要防止行政机关超越或者放弃职责换取原告撤诉。《最高人民法院关于行政诉讼撤诉若干问题的规定》规定，被告改变行政行为，原告申请撤诉，符合以下列条件的，人民法院应当裁定准许：（1）申请撤诉是当事人真实意思表示。（2）被告改变被诉行政行为。不违反法律、法规的禁止性规定，不超越或者放弃职权，不损害公共利益和他人合法权益。（3）被告已经改变或者决定改变被诉行政行为，并书面告知人民法院。法庭辩论终结后原告申请撤诉，人民法院经审查认为原告撤诉损害国家利益和社会公共利益的，可以裁定不准许撤诉。

【实务指导】

在司法实践中，需要注意以下两个问题。

第一，对于原告或者上诉人在庭审中明确拒绝陈述或者以其他方式

拒绝陈述的，人民法院只判断原告或者上诉人是否存在上述行为，且该行为是否导致庭审无法正常进行。也就是说，要判断该行为是否存在以及是否客观上导致庭审无法正常进行，至于原告或者上诉人的主观心理状态则无须审查或者推定。

第二，对于法庭辩论终结后原告申请撤诉，被告不同意的，人民法院可以不予准许。原告在法庭辩论后撤诉，其实体权利并不受到影响，但是被告参加诉讼已经消耗了诉讼成本。如果允许原告在法庭辩论后随意撤诉，也不利于行政管理的秩序，因此，在这种情况下，人民法院可以根据《民诉解释》第二百三十八条第二款的规定，询问被告是否同意原告撤诉，避免原告滥用权利损害被告或者第三人的利益。

（梁凤云撰写）

第八十一条　被告在一审期间改变被诉行政行为的，应当书面告知人民法院。

原告或者第三人对改变后的行政行为不服提起诉讼的，人民法院应当就改变后的行政行为进行审理。

被告改变原违法行政行为，原告仍要求确认原行政行为违法的，人民法院应当依法作出确认判决。

原告起诉被告不作为，在诉讼中被告作出行政行为，原告不撤诉的，人民法院应当就不作为依法作出确认判决。

【条文主旨】

本条是关于被告在一审期间改变行政行为的具体规定。

【起草背景】

本条基本沿用《若干解释》第五十条的规定。

【条文释义】

一、被告在一审期间改变被诉行政行为的，应当书面告知人民法院

根据行政诉讼法第六十二条规定，人民法院对案件宣告判决或者裁定前，被告改变其所作的具体行政行为，原告同意并申请撤诉的，是否允许，由人民法院裁定。从这条规定可以看出，法律允许行政机关在一审期间改变被诉行政行为。但该条没有规定被告改变被诉行政行为是否需告知人民法院，以何种形式告知人民法院。对此，本条作了补充规定，即明确要求被告在一审期间改变被诉行政行为的，应当告知人民法院，并以书面的形式告知。

二、被告改变行政行为后，人民法院审查哪一个行政行为

根据《贯彻意见》第62条规定，被告行政机关在第一审程序中，改变其所作的行政行为，如果原告申请撤诉并获准许，或者原告不申请撤诉，人民法院应继续审理被诉的原行政行为。这条规定的主要理由是：1989年行政诉讼法第五十一条对人民法院应继续审理被诉的原行政行为，还是审理新作出的行政行为，虽然没有明确规定，但是根据该条规定的精神，一旦进入行政诉讼阶段，被告改变原行政行为必须是原告申请撤诉，人民法院裁定准许撤诉后，才具有法律效力。人民法院只能把具有法律效力的行政行为作为审理对象，因此应继续审理被诉的行政行为。第二，根据1989年行政诉讼法第四十一条的规定，"有具体的诉讼请求"是提起行政诉讼必须具备的条件之一。原告向人民法院提出的具体诉讼请求是要求撤销、部分撤销或者变更被诉的原行政行为，并没有对被告新作出的行政行为提起诉讼。如果人民法院审理新作出的行政行为，有悖于第四十一条的规定。

在《贯彻意见》实行过程中，一些同志对这条规定提出了一些质疑，归纳起来主要有以下几点：第一，根据1989年行政诉讼法第五十一条的规定，在一审期间行政机关有权改变被诉的行政行为。行政机关行使行政权，人民法院行使审判权，行政权与司法权各自独立，互不干预，行政权不能侵犯司法权，司法权也不能侵犯行政权。在一审期间行政机关有权自行决定改变被诉的行政行为，其他机关和个人无权干涉。1989年行政诉讼法第五十一条只是赋予人民法院对原告申请撤诉是否准许有权裁定，并没有明确规定一审期间行政机关改变被诉的行政行为应经原告和人民法院同意。第二，如果认为一审期间行政机关改变被诉的行政行为，原告同意撤诉，人民法院是否准许是以行政机关改变的行政行为是否合法为前提的话，实际上人民法院又审查了一个没有被诉的行政行为。第三，实践中，行政机关在一审期间已经撤销了被诉的行政行为，而人民法院继续审理原行政行为，如果再作出撤销原行政行为的判决，实际上撤销的是一个已被撤销的行政行为，毫无意义；如果作出维持判决，实际上维持的又是一个被撤销的行政行为，也是不可取的。

考虑到上述看法也有一定的道理，因此在制定《若干解释》时，对《贯彻意见》第62条的规定作了一定的修改。区分几种不同情况来处理：（1）原告或者第三人对改变后的行为不服提起行政诉讼的，人民法院应当就改变后的行政行为进行审理。（2）被告改变原行政行为，原告不撤诉，如果人民法院经审查仍认为原行政行为违法的，那么，就应当作出判决，确认被诉的原行政行为违法，不再撤销原行政行为；如果认为原行政行为合法的，那么，原告的诉讼请求实际上是不成立的，就应当判决驳回原告的诉讼请求，不再作出维持原行政行为的判决。（3）原告起诉被告不作为，在诉讼中被告作出行政行为，原告不撤诉的，参照上述规定处理。即在原告起诉被告不作为的案件中，如果在诉讼中被告作出行政行为，原告不撤诉的，人民法院不再判决责令被告作为，只是确认其原来不作为属违法。如果原告认为被告在诉讼中作出的行政行为侵犯其合法权益，仍可对被告作出的行政行为提起诉讼，人民法院对该行为进行审理。

本条基本沿用《若干解释》第五十条的规定，因2014年修正行政诉讼法将“具体行政行为”统一修改为“行政行为”，本条亦作出了相应修改。

【实务指导】

对于继续确认之诉，人民法院应考虑是否存在确认原行政行为违法的利益。

行政机关在起诉前自行改变行政行为，原行政行为尽管再也不会产生法律效果，当事人仍可以就原行政行为提起确认违法之诉；如果是在诉讼进行中行政机关改变被诉行政行为，当事人则可以要求继续初始的诉讼，只是将原来的撤销请求转换为确认违法。正因如此，这种诉讼被称为继续确认之诉。之所以允许对一个已经终结的、再也不会产生效果的行政行为继续进行确认，是因为在有些情况下仍然存在确认的利益。比如，确认原行政行为违法，有利于当事人后续主张国家赔偿等权利；再比如，有利于完成对于那些随诉讼终结被弃置不顾的法律问题的继续澄清。但是，这种继续确认的利益，通常只有在被改变的行政行为属于对原告不利的负担行政行为时才会存在，因为该行政行为尽管已经终结，但其违法性曾经存在，违法的后果未必会随着行政行为的终结而自行终结。对于一个授益行政行为而言，由于该行政行为自始就不曾对当事人施与过任何负担，就不会存在确认原行政行为违法的利益。有时，即使法院应当事人的要求继续初始的诉讼，也未必都会对行政机关业已改变的原行政行为作出违法确认。如果原行政行为本身并不违法，作出改变只是因为作为其根据的事实或者法律状态发生变化；如果原行政行为的违法性被及时治愈或转换，例如通过一个内容相同的另一行政行为取代，或者通过其他措施得到处理，行政行为的违法性即不存在。比如，被诉行政行为是一个房屋征收补偿决定，这类决定并非负担行政行为，当它被另一个补偿决定替代之后，不会产生任何遗留下来的不利影响。对于补偿多少的争执，完全可以在针对新的补偿决定提起的诉讼中解决，坚持对已经不存在的原补偿决定进行违法性确认没有任何实际意义。此类情形，法院可裁定驳回原告诉讼请求。

（阎巍撰写）

部门规章、规章性文件与解读

国家知识产权局办公室

印发《关于技术调查官参与专利、集成电路布图设计侵权纠纷行政裁决办案的若干规定（暂行）》的通知

2021年5月7日　　国知办发保字〔2021〕17号

各省、自治区、直辖市和计划单列市、副省级城市、新疆生产建设兵团知识产权局；局机关有关部门，专利局有关部门：

为深入贯彻习近平总书记在中央政治局第二十五次集体学习时的重要讲话精神，落实《中共中央办公厅、国务院办公厅关于强化知识产权保护的意见》中关于在知识产权行政执法案件处理中引入技术调查官制度的要求，制定《关于技术调查官参与专利、集成电路布图设计侵权纠纷行政裁决办案的若干规定（暂行）》。现印发给你们，请遵照执行。

关于技术调查官参与专利、集成电路布图设计侵权纠纷行政裁决办案的若干规定（暂行）

第一条 为贯彻落实中共中央办公厅、国务院办公厅《关于强化知识产权保护的意见》，规范技术调查官参与知识产权侵权纠纷行政裁决活动，根据《专利法》《行政诉讼法》《集成电路布图设计保护条例》有关规定，结合专利、集成电路布图设计侵权纠纷行政裁决办案工作实际，制定本规定。

第二条 国家知识产权局和地方管理专利工作的部门处理专利、集成电路布图设计侵权纠纷案件，可以指派技术调查官参与行政裁决活动。

第三条 技术调查官属于行政裁决辅助人员，对案件合议结果不具有表决权。

技术调查官根据行政裁决办案人员的指派，为查明案件技术事实提供咨询、出具技术调查意见和其他必要技术协助。

第四条 国家知识产权局负责建设国家技术调查官名录库，选任和管理技术调查官。

各地方管理专利工作的部门可以选任和管理本辖区内的技术调查官。

第五条 技术调查官可以从专利局、行业协会、高等院校、科研机构、企事业单位等相关领域的技术人员中遴选。

第六条 行政裁决涉及重大、疑难、复杂的技术问题，技术调查官难以决断的，还可以从高等院校、科研机构中聘请相关技术领域具有副高以上职称的专家提供咨询。

第七条 根据行政裁决办案人员的指派，技术调查官在行政裁决活动中履行下列职责：

（一）对技术事实的争议焦点以及调查范围、顺序、方法等提出建议；

（二）参与调查取证；

（三）参与询问、口头审理；

（四）提出技术调查意见；

（五）协助行政裁决办案人员组织鉴定人、相关技术领域的专业人员提出意见；

（六）列席合议组有关会议；

（七）完成其他相关工作。

第八条 技术调查官参与调查取证的，应当事先查阅相关技术资料，就调查取证的范围、步骤和注意事项等提出建议。

第九条 技术调查官参与询问、口头审理时，可以向当事人及其他相关人员发问。

第十条 技术调查官应当在案件合议前就案件所涉技术问题提出技术调查意见。

技术调查意见由技术调查官独立出具并签名，不对外公开。

第十一条 技术调查官提出的技术调查意见作为合议组认定技术事实的参考。

合议组对技术事实认定依法承担责任。

第十二条 技术调查官参与行政裁决活动的，应当在裁决文书上署名。

第十三条 参与行政裁决活动的技术调查官确定或者变更后，应当在三个工作日内告知当事人，并依法告知当事人有权申请技术调查官回避。

第十四条 具有下列情形之一的，技术调查官应当自行回避；技术调查官没有回避的，当事人及其代理人有权要求其回避：

（一）是本案当事人或者当事人近亲属的；

（二）本人或者其近亲属与本案有利害关系的；

（三）担任过本案证人、代理人的；

（四）其他可能影响对案件公正办理的。

技术调查官的回避由合议组组长决定。

第十五条 技术调查官对于参与行政裁决活动中知悉的案件信息，包括当事人的商业秘密和其他信息，负有保密义务。

第十六条 技术调查官应当参加国家知识产权局组织的相关培训。

技术调查官可以接受指派或者应相关部门的邀请，对地方管理专利工作的部门人员进行业务培训。

第十七条 地方管理专利工作的部门可以申请从国家技术调查官名录库调派技术调查官，参与其行政裁决活动。

第十八条 技术调查官违反与行政裁决工作有关的法律法规及相关规定，贪污受贿、徇私舞弊，故意出具虚假、误导或者重大遗漏的不实技术调查意见的，应当依纪依法追究责任；构成犯罪的，依法追究刑事责任。

第十九条 本规定由国家知识产权局负责解释。

第二十条 本规定自公布之日起施行。

解读——

《关于技术调查官参与专利、集成电路布图设计侵权纠纷行政裁决办案的若干规定（暂行）》

为深入贯彻习近平总书记在中央政治局第二十五次集体学习时的重

要讲话精神，落实《中共中央办公厅、国务院办公厅关于强化知识产权保护的意见》要求，2021年5月，国家知识产权局办公室印发《关于技术调查官参与专利、集成电路布图设计侵权纠纷行政裁决办案的若干规定（暂行）》（以下简称《规定》）。现对其制定背景和主要内容进行介绍和解读。

一、制定背景

党中央、国务院高度重视知识产权工作。2019年11月，《中央办公厅、国务院办公厅关于强化知识产权保护的意见》印发，要求"加强专业技术支撑，在知识产权行政执法案件处理中引入技术调查官制度，协助行政执法部门准确高效认定技术事实"。《2020—2021年贯彻落实〈关于强化知识产权保护的意见〉推进计划》提出"研究建立知识产权行政保护技术调查官制度"。

专利、集成电路布图设计侵权纠纷案件大多疑难复杂，专业性和技术性强，涉及领域广，有大量技术事实问题需要认定，在司法审判、行政执法、行政裁决、仲裁调解工作实践中，迫切需要通过咨询相关技术领域专家或者委托技术鉴定等方式协助办案人员查明技术事实。在知识产权行政保护领域，地方知识产权管理部门在办理专利侵权纠纷行政裁决案件时，为了更好地认定和查明技术事实，部分地方知识产权管理部门在引入技术调查官方面开展了积极探索。如北京市知识产权局自2014年起，聘请专利审查协作北京中心专利审查员参与专利侵权行政裁决工作，协助查明技术事实。2017年正式建立技术分析师制度，2018年至2020年，技术分析师共参与案件审理187件，出具咨询意见279份。

近年来，随着我国知识产权保护力度的不断加大，地方专利管理部门办理专利侵权纠纷行政裁决案件逐年增长。2020年全国共办理专利侵权纠纷行政裁决案件4.2万件，同比增长9.9%。为进一步加强专业技术支撑，各地对于建立知识产权行政保护技术调查官制度有强烈的需求。同时，2021年6月1日，修改后的专利法将正式施行，按照专利法第七十条规定，国家知识产权局将依请求处理在全国有重大影响的专利侵权纠纷，为做好重大专利侵权纠纷行政裁决工作，准确高效认定技术事实，也需要尽快建立完善技术调查官制度。

因此，国家知识产权局知识产权保护司深入开展调查研究，在系统梳理相关政策、借鉴地方知识产权管理部门探索经验的基础上，制定印发了《规定》，对技术调查官参与知识产权侵权纠纷行政裁决活动进行了规范，以有效加强侵权纠纷行政裁决工作技术支撑，提高知识产权侵权判定能力和水平。

二、主要内容

《规定》共二十条，分别对适用范围、技术调查官的定位和职责要求、遴选范围、管理办法和施行日期等作了规定。

（一）《规定》适用范围

《规定》明确国家知识产权局和地方管理专利工作的部门处理专利、集成电路布图设计侵权纠纷案件，可以指派技术调查官参与行政裁决活动，国家知识产权局负责建设国家技术调查官名录库，选任和管理技术调查官。各地方管理专利工作的部门可以选任和管理本辖区内的技术调查官。

（二）技术调查官的定位和职责要求

《规定》明确技术调查官属于行政裁决的辅助人员，对案件合议结果不具有表决权，根据行政裁决办案人员的指派，为查明案件技术事实提供咨询、出具技术调查意见和其他必要技术协助，技术调查意见可以作为合议组认定技术事实的参考，合议组对技术事实认定依法承担责任。

技术调查官履行的职责包括：对技术事实的争议焦点以及调查范

围、顺序、方法等提出意见建议，参与调查取证，参与询问、口头审理，提出技术调查意见，协助组织鉴定人和相关技术领域专业技术人员提出意见，列席合议组有关会议，完成其他相关工作七个方面。《规定》对技术调查官开展上述工作提出了具体的工作要求。

（三）技术调查官的遴选范围

《规定》明确技术调查官可以从专利审查部门、行业协会、高等院校、科研机构、企事业单位等相关领域的技术人员中遴选。同时，对于行政裁决涉及重大、疑难、复杂的技术问题，技术调查官难以决断的，还可以从高等院校、科研机构中聘请相关技术领域具有副高以上职称的专家提供咨询。

（四）技术调查官的管理办法

《规定》明确技术调查官参与行政裁决活动应告知当事人，并遵守回避、保密，以及与行政裁决工作有关的法律法规及有关规定。技术调查官应回避的情形包括以下四种，是本案当事人或者当事人近亲属；本人或者其近亲属与本案有利害关系；担任过本案证人、代理人；其他可能影响对案件公正办理的情形。对于贪污受贿、徇私舞弊，故意出具虚假、误导或者重大遗漏的不实技术调查意见的，应当追究法律责任，构成犯罪的，依法追究刑事责任。

三、下一步工作

下一步，国家知识产权局将按照《规定》要求，组织开展首批知识产权行政保护技术调查官推荐工作，建设完善国家知识产权技术调查官名录库，组织开展相关培训，根据专利、集成电路布图设计侵权纠纷案件实际需要，指派相关领域技术调查官参与行政裁决活动。

（来源：国家知识产权局网站）

国家市场监督管理总局

机动车排放召回管理规定

（2021年3月30日国家市场监督管理总局第6次局务会议审议通过
并经生态环境部同意　2021年4月27日公布
自2021年7月1日起施行）

第一条　为了规范机动车排放召回工作，保护和改善环境，保障人体健康，根据《中华人民共和国大气污染防治法》等法律、行政法规，制定本规定。

第二条　在中华人民共和国境内开展机动车排放召回及其监督管理，适用本规定。

第三条　本规定所称排放召回，是指机动车生产者采取措施消除机动车排放危害的活动。

本规定所称排放危害，是指因设计、生产缺陷或者不符合规定的环境保护耐久性要求，致使同一批次、型号或者类别的机动车中普遍存在的不符合大气污染物排放国家标准的情形。

第四条　机动车存在排放危害的，其生产者应当实施召回。

进口机动车的进口商，视为本规定所称的机动车生产者。

第五条　国家市场监督管理总局会同生态环境部负责机动车排放召回监督管理工作。

国家市场监督管理总局和生态环境部可以根据工作需要，委托各自的下一级行政机关承担本行政区域内机动车排放召回监督管理有关工作。

国家市场监督管理总局和生态环境部可以委托相关技术机构承担排放召回的技术工作。

第六条 国家市场监督管理总局负责建立机动车排放召回信息系统和监督管理平台，与生态环境部建立信息共享机制，开展信息会商。

第七条 生态环境部负责收集和分析机动车排放检验检测信息、污染控制技术信息和排放投诉举报信息。

设区的市级以上地方生态环境部门应当收集和分析机动车排放检验检测信息、污染控制技术信息和排放投诉举报信息，并将可能与排放危害相关的信息逐级上报至生态环境部。

第八条 机动车生产者应当记录并保存机动车设计、制造、排放检验检测等信息以及机动车初次销售的机动车所有人信息，保存期限不得少于10年。

第九条 机动车生产者应当及时通过机动车排放召回信息系统报告下列信息：

（一）排放零部件的名称和质保期信息；

（二）排放零部件的异常故障维修信息和故障原因分析报告；

（三）与机动车排放有关的维修与远程升级等技术服务通报、公告等信息；

（四）机动车在用符合性检验信息；

（五）与机动车排放有关的诉讼、仲裁等信息；

（六）在中华人民共和国境外实施的机动车排放召回信息；

（七）需要报告的与机动车排放有关的其他信息。

前款规定信息发生变化的，机动车生产者应当自变化之日起20个工作日内重新报告。

第十条 从事机动车销售、租赁、维修活动的经营者（以下统称机动车经营者）应当记录并保存机动车型号、规格、车辆识别代号、数量以及具体的销售、租赁、维修等信息，保存期限不得少于 5 年。

第十一条 机动车经营者、排放零部件生产者发现机动车可能存在排放危害的，应当向国家市场监督管理总局报告，并通知机动车生产者。

第十二条 机动车生产者发现机动车可能存在排放危害的，应当立即进行调查分析，并向国家市场监督管理总局报告调查分析结果。机动车生产者认为机动车存在排放危害的，应当立即实施召回。

第十三条 国家市场监督管理总局通过车辆测试等途径发现机动车可能存在排放危害的，应当立即书面通知机动车生产者进行调查分析。

机动车生产者收到调查分析通知的，应当立即进行调查分析，并向国家市场监督管理总局报告调查分析结果。生产者认为机动车存在排放危害的，应当立即实施召回。

第十四条 有下列情形之一的，国家市场监督管理总局会同生态环境部可以对机动车生产者进行调查，必要时还可以对排放零部件生产者进行调查：

（一）机动车生产者未按照通知要求进行调查分析，或者调查分析结果不足以证明机动车不存在排放危害的；

（二）机动车造成严重大气污染的；

（三）生态环境部在大气污染防治监督检查中发现机动车可能存在排放危害的。

第十五条 国家市场监督管理总局会同生态环境部进行调查，可以采取下列措施：

（一）进入机动车生产者、经营者以及排放零部件生产者的生产经营场所和机动车集中停放地进行现场调查；

（二）查阅、复制相关资料和记录；

（三）向有关单位和个人询问机动车可能存在排放危害的情况；

（四）委托技术机构开展机动车排放检验检测；

（五）法律、行政法规规定的可以采取的其他措施。

机动车生产者、经营者以及排放零部件生产者应当配合调查。

第十六条 经调查认为机动车存在排放危害的，国家市场监督管理总局应当书面通知机动车生产者实施召回。机动车生产者认为机动车存在排放危害的，应当立即实施召回。

第十七条 机动车生产者认为机动车不存在排放危害的，可以自收到通知之日起15个工作日内向国家市场监督管理总局提出书面异议，并提交证明材料。

国家市场监督管理总局应当会同生态环境部对机动车生产者提交的材料进行审查，必要时可以组织与机动车生产者无利害关系的专家采用论证、检验检测或者鉴定等方式进行认定。

第十八条 机动车生产者既不按照国家市场监督管理总局通知要求实施召回又未在规定期限内提出异议，或者经认定确认机动车存在排放危害的，国家市场监督管理总局应当会同生态环境部书面责令机动车生产者实施召回。

第十九条 机动车生产者认为机动车存在排放危害或者收到责令召回通知书的，应当立即停止生产、进口、销售存在排放危害的机动车。

第二十条 机动车生产者应当制定召回计划，并自认为机动车存在排放危害或者收到责令召回通知书之日起5个工作日内向国家市场监督管理总局提交召回计划。

机动车生产者应当按照召回计划实施召回。确需修改召回计划的，机动车生产者应当自修改之日起5个工作日内重新提交，并说明修改理由。

第二十一条 召回计划应当包括下列内容：

（一）召回的机动车范围、存在的排放危害以及应急措施；

（二）具体的召回措施；

（三）召回的负责机构、联系方式、进度安排等；

（四）需要报告的其他事项。

机动车生产者应当对召回计划的真实性、准确性及召回措施的有效性负责。

第二十二条 机动车生产者应当将召回计划及时通知机动车经营者，并自提交召回计划之日起5个工作日内向社会发布召回信息，自提交召回计划之日起30个工作日内通知机动车所有人，并提供咨询服务。

国家市场监督管理总局应当向社会公示机动车生产者的召回计划。

第二十三条 机动车经营者收到召回计划的，应当立即停止销售、租赁存在排放危害的机动车，配合机动车生产者实施召回。

机动车所有人应当配合生产者实施召回。机动车未完成排放召回的，机动车排放检验机构应当在排放检验检测时提醒机动车所有人。

第二十四条 机动车生产者应当采取修正或者补充标识、修理、更换、退货等措施消除排放危害，并承担机动车消除排放危害的费用。

未消除排放危害的机动车，不得再次销售或者交付使用。

第二十五条 机动车生产者应当自召回实施之日起每3个月通过机动车排放召回信息系统提交召回阶段性报告。国家市场监督管理总局、生态环境部另有要求的，依照其要求。

第二十六条 机动车生产者应当自完成召回计划之日起15个工作日内通过机动车排放召回信息系统提交召回总结报告。

第二十七条 机动车生产者应当保存机动车排放召回记录，保存期限不得少于10年。

第二十八条 国家市场监督管理总局应当会同生态环境部对机动车排放召回实施情况进行监督，必要时可以组织与机动车生产者无利害关系的专家对召回效果进行评估。

发现召回范围不准确、召回措施无法有效消除排放危害的，国家市场监督管理总局应当会同生态环境部通知生产者重新实施召回。

第二十九条 从事机动车排放召回监督管理工作的人员不得将机动

车生产者、经营者和排放零部件生产者提供的资料或者专用设备用于其他用途，不得泄露获悉的商业秘密或者个人信息。

第三十条 违反本规定，有下列情形之一的，由市场监督管理部门责令改正，处三万元以下罚款：

（一）机动车生产者、经营者未保存相关信息或者记录的；

（二）机动车生产者、经营者或者排放零部件生产者不配合调查的；

（三）机动车生产者未提交召回计划或者未按照召回计划实施召回的；

（四）机动车生产者未按照要求将召回计划通知机动车经营者或者机动车所有人，或者未向社会发布召回信息的；

（五）机动车经营者收到召回计划后未停止销售、租赁存在排放危害的机动车的；

（六）机动车生产者未提交召回阶段性报告或者召回总结报告的。

第三十一条 机动车生产者依照本规定实施机动车排放召回的，不免除其依法应当承担的其他法律责任。

第三十二条 市场监督管理部门应当将责令召回情况及行政处罚信息记入信用记录，依法向社会公布。

第三十三条 非道路移动机械的排放召回，以及机动车存在除排放危害外其他不合理排放大气污染物情形的，参照本规定执行。

第三十四条 本规定自 2021 年 7 月 1 日起施行。

解读——

《机动车排放召回管理规定》

一、国内外排放召回的背景和实施情况介绍

（一）国际排放召回情况

机动车环境保护召回是防治机动车排放污染的重要手段之一。20 世纪 70 年代，美国最早建立并开始实施环境保护召回，随后，欧盟、日本、韩国等国家和地区陆续展开。这些国家和地区通过法律（指令）建立了机动车环境保护召回制度，如美国的《清洁大气法案》、欧盟的《机动车排放指令》（70/220/EEC 及 88/77/EEC）、日本的《环境基本法》和《大气污染防止法》等。

美国《大气清洁法》规定，如果主管部门发现一定数量的某一等级或类型的机动车产品，在正常保养和使用的情况下，在规定的使用寿命内不符合该法案相关的排放标准，主管部门将通知制造商采取有效的补救措施计划，相关费用由制造商承担。20 世纪 70 年代，环境保护召回制度在美国刚刚确立，且机动车排放控制技术处于早期发展阶段，因排放不合规而召回的车辆占年度生产车辆的 30%—40%，且多为主管部门强制召回。到 20 世纪 80 年代，随着排放控制技术的进步和排放标准的加严，上述比例下降至 5%—10%。之后，随着机动车排放检测技术的进一步发展，尤其新车及在用车测试、PEMS 测试、I/M 制度以及遥感测试等技术为开展高排放车辆的筛查和敦促排放召回的实施提供了有效的数据支撑，也推动了由政府强制召回向受调查影响召回和主动召回的转变。1991 年到 2009 年期间，美国共实施机动车排放召回 599 次，其中，制造商主动召回和受调查影响召回占全部排放召回的 99.67%。可以说，欧美环境保护召回制度自实施以来成效显著，近几年闹得沸沸

扬扬并仍在发酵的大众汽车“柴油门”事件，就是该制度最具代表性的实践之一。

（二）国内排放召回情况

出台《机动车排放召回管理规定》（以下简称《规定》）既是上位法的要求，同时也有现实需要的考虑。

从法律依据上来讲，2015 年 8 月第十二届全国人大常务委员会第十六次会议审议通过大气污染防治法。该法第五十八条规定：“国家建立机动车和非道路移动机械环境保护召回制度。生产、进口企业获知机动车、非道路移动机械排放大气污染物超过标准，属于设计、生产缺陷或者不符合规定的环境保护耐久性要求的，应当召回；未召回的，由国务院市场监督管理部门会同国务院生态环境主管部门责令其召回。”

我国已于 2015 年 10 月 22 日发布《缺陷汽车产品召回管理条例》（以下简称《条例》），但《条例》规定的召回为汽车产品安全召回。虽然排放召回与汽车产品安全召回的基本程序一致，但召回管理涉及的主管部门、适用范围、召回条件、排放信息收集途径、调查与认定规范、召回监督管理、排放相关零部件信息报告义务等内容均不相同。

从现实生活来看，出台机动车排放召回规定符合当前我国经济社会发展的需求。当前我国移动源（主要包括机动车和非道路移动机械）污染问题日益突出，已成为空气污染的重要来源。特别是北京、上海、深圳等大中型城市，移动源已经成为细颗粒物（PM2.5）污染的重要来源。而且机动车大多行驶在人口密集区域，尾气排放直接威胁人民群众身体健康。召回能够有效消除已售出机动车和非道路移动机械存在的排放问题。

自 2016 年 1 月 1 日大气污染防治法实施以来，我国共实施排放召回 6 次，涉及车辆 5164 辆。涉及品牌包括大众、奔驰、斯巴鲁、宝马和飞碟等，涉及部件包括催化转化器、燃油加注管软管、排气歧管和 OBD 诊断软件等。

（三）典型案例

1. 第一个受主管部门影响实施的排放召回。2017年1月26日，大众汽车（中国）销售有限公司根据原国家质检总局2015年2号风险警示通告，召回部分进口途威、迈腾系列汽车1950辆。召回范围内车辆由于安装了特定的发动机控制模块软件，会导致部分车辆的尾气排放检测数值在实验室检测时与实际道路行驶时存在差异。

2. 第一个企业主动实施的排放召回。2019年7月31日，梅赛德斯－奔驰（中国）汽车销售有限公司召回部分进口GLE SUV和GLS SUV汽车，共计308辆。召回范围内车辆存在尾气催化转化器混装情况，导致无法满足机动车排放标准及车载诊断系统的相关要求，可能导致车载诊断系统报警。

3. 第一个同时涉及排放召回与安全召回的案例。2019年10月15日，斯巴鲁汽车（中国）有限公司召回部分进口森林人、力狮、傲虎系列汽车，共计667辆。召回范围内车辆由于变更了发动机排气歧管衬垫式样，以及图纸上对把排气歧管安装至气缸盖上的螺母的紧固扭力指示不合理，造成排气歧管紧固螺母扭力低于规定值。车辆行驶过程中的震动等因素可能导致发动机排气歧管松动，造成未经净化的尾气泄漏，不符合机动车排放标准要求；泄漏的尾气可能损坏排气歧管附近的发动机支架、线束等部件，存在安全隐患。

4. 第一个市场监管总局联合生态环境部发布的召回。2020年8月28日，浙江飞碟汽车制造有限公司召回部分奥驰系列载货汽车，共计458辆。召回范围内车辆由于配装的柴油发动机存在OBD系统标定问题，导致车辆存在超标排放的风险。

二、内容解读

（一）《规定》适用范围

大气污染防治法规定环境保护召回的适用范围包括机动车和非道路移动机械。根据GB7258《机动车运行安全技术条件》，机动车包括汽车及汽车列车、摩托车、拖拉机运输机组、轮式专用机械、挂车等。根据GB20891《非道路移动机械用柴油机排气污染物排放限值及测量方法》，非道路移动机械主要包括工程机械、农业机械、林业机械、材料装卸机械、机场地勤设备等。

二十多年来，生态环境部门不断健全机动车环境管理体系，通过制定和实施机动车污染物排放标准，从设计、定型、生产、销售等环节加强环境监管，保证机动车能够稳定达到排放标准的要求。随着产业转型升级、燃煤和机动车污染防治力度的加大，近年来非道路移动机械排放问题才逐步凸显，相关的环境管理制度体系才初步建立。但由于非道路移动机械量大面广，管理体系与机动车差异较大，目前尚不具备对非道路移动机械实施环境保护召回的条件。

因此，《规定》明确，在中华人民共和国境内开展机动车排放召回及其监督管理，适用本规定；同时非道路移动机械的环境保护召回及其监督管理参照本规定执行。这与国外状况基本一致。虽然美国《清洁大气法案》规定了机动车和非道路移动机械环境保护召回制度，但从具体实施情况看，美国每年因排放风险召回汽车100—300万辆，而非道路移动机械环境保护召回案例偶有发生。

（二）管理部门与职责分工

同汽车产品安全召回由市场监管总局负责不同，机动车排放召回由市场监管总局与生态环境部共同管理。

市场监管总局和生态环境部根据工作需要，委托各自的下一级行政机关承担本行政区域内机动车环境排放召回监督管理有关工作。市场监管总局和生态环境部可以委托相关技术机构承担排放召回的技术工作。

在信息收集、缺陷调查与认定、责令召回、召回实施监督等召回管理各环节，市场监管总局与生态环境部建立联合工作机制，同时又有不同分工。

生态环境部负责收集和分析机动车排放检验检测信息、污染控制技术信息和排放投诉举报信息，并与市场监管总局加强信息共享；市场监管总局负责建立机动车排放召回信息系统、接受生产者召回计划的报告、向社会公布召回信息，会同生态环境部开展信息和技术会商、缺陷调查与认定、召回实施情况的监督以及效果评估、责令召回等工作。

（三）与现有汽车产品安全召回的关系

1. 机动车排放召回具有特殊性。民法典、消费者权益保护法及《缺陷汽车产品召回管理条例》规定的召回均为产品安全召回。机动车排放召回与汽车产品安全召回涉及的管理部门、适用范围、召回条件、排放信息收集途径、调查与认定规范、召回监督管理、排放相关零部件信息报告义务等内容均不相同。

2. 召回管理基本程序、企业责任以及时限要求与现有汽车产品安全召回基本保持一致。机动车排放召回管理从信息收集、缺陷调查、召回实施到召回监督与汽车产品安全召回管理程序基本一致。机动车生产者信息追溯管理、风险信息报告、主动调查分析与配合、停止生产经营、召回计划报告与发布、召回总结等义务与《缺陷汽车产品召回管理条例》及其实施办法规定生产者义务基本一致，仅根据机动车排放召回的特点，规定了生产者需报告排放风险相关信息。

《规定》中关于生产者或经营者排放召回的相关时限要求也与《缺陷汽车产品召回管理条例》及其实施办法一致，保证整体召回管理工作的连续性和协调性。

（四）信息收集途径

与汽车产品安全召回不同，消费者报告不再是采集机动车排放危害信息的主要渠道。具体来说，有以下三种信息收集渠道：

1. 主管部门信息收集和共享。设区的市级以上地方生态环境部门应当收集和分析机动车排放检验检测信息、污染控制技术信息和排放投诉举报信息，并将可能与排放危害相关的信息逐级上报至生态环境部。

市场监管总局负责建立机动车排放召回信息系统和监督管理平台，与生态环境部建立信息共享机制。

2. 生产者信息报告。机动车生产者及时通过机动车排放召回信息系统报告下列信息：(1) 排放零部件的名称和质保期信息；(2) 排放零部件的异常故障维修信息和故障原因分析报告；(3) 与机动车排放有关的维修与远程升级等技术服务通报、公告等信息；(4) 机动车在用符合性检验信息；(5) 与机动车排放有关的诉讼、仲裁等信息；(6) 在中华人民共和国境外实施的机动车排放召回信息；(7) 需要报告的与机动车排放有关的其他信息。前款规定信息发生变化的，机动车生产者应当自变化之日起20个工作日内重新报告。

3. 经营者和零部件生产者信息报告。机动车经营者、排放零部件生产者发现机动车可能存在排放危害的，应当向市场监管总局报告，并通知机动车生产者。

(五) 关于召回条件

根据《规定》，机动车存在排放危害的，其生产者应当实施召回。排放危害具体包括以下三种情形：

1. 由于设计、生产缺陷导致机动车排放大气污染物超过标准。《规定》涉及的排放标准主要包括 GB 18352. 6—2016《轻型汽车污染物排放限值及测量方法》和 GB 17691—2018《重型柴油车污染物排放限值及测量方法》，都是中国第六阶段机动车污染物排放标准。其中，GB 18352. 6规定了最大设计总质量不超过3500kg 的 M1 类、M2 类和 N1 类轻型汽车污染物排放第六阶段型式试验的要求、生产一致性和在用符合性检查的要求和判定方法，自 2020 年 7 月 1 日起，所有销售和注册登记的轻型汽车应符合该标准要求；在 2025 年 7 月 1 日前，第五阶段轻型汽车的“在用符合性检查”仍执行 GB 18352. 5—2013 相关要求。GB17691 适用于装用压燃式、气体燃料点燃式发动机的 M2、M3、N1、N2 和 N3 类及总质量大于 3500kg 的 M1 类汽车及其发动机的型式试验、生产一致性检查、新生产车排放监督检查和在用车符合检查，自 2021 年 7 月 1 日起，所有生产、进口、销售和注册登记的重型柴油车应符合该标准要求。《规定》在执行排放标准时，采用“老车老标准、新车新标准”的原则，符合法律要求和管理实际。

2. 由于不符合规定的环境保护耐久性要求，导致机动车排放大气污染物超过标准。环境保护耐久性要求是指在正常使用条件下和正常寿命周期内，整车和污染控制装置耐久性试验符合标准规定的限值。

3. 由于设计、生产原因导致机动车存在其他不符合排放标准或不合理排放。其他不符合排放标准指机动车排放污染物满足标准要求，但存在排放控制用车载诊断（OBD）系统、排放系统使用软管及其接头、油箱盖防止燃油蒸发物排放、排放相关电控系统等要求不符合标准的情形。例如，第六阶段机动车污染物排放标准明确，所有机动车应装备OBD系统，在产品全寿命周期内记录排放相关部件故障，且生产者不得对OBD系统进行改造。实际发现部分生产者通过改变OBD系统标定、预先关闭功能等方式，致使OBD系统应报故障而不报，逃避政府监管。

不合理排放情形主要指机动车在标准工况下测试的排放大气污染物符合标准限值，但在实际工况下污染物排放超过标准限值的违规排放。2015年德国大众在所产车内安装非法软件、故意规避美国汽车尾气排放规定，车辆实际污染物排放量超过法定标准的40倍，被美国罚款43亿美元，涉及机动车1100万辆。

前两种情形属于大气污染防治法第五十八条规定的法定情形。第三种情形是在国外排放召回实践基础上的总结。

（六）调查与认定规范

《规定》与《缺陷汽车产品召回管理条例》及其实施办法规定的汽车产品缺陷调查与认定程序相比，虽然基本流程一致，但部分环节增加了市场监管总局会同生态环境部联合开展的要求。主要涉及：

1. 共同开展排放危害调查。有下列情形之一的，市场监管总局会同生态环境部可以对机动车生产者进行调查，必要时还可以对排放零部件生产者进行调查：（1）机动车生产者未按照通知要求进行调查分析，或者调查分析结果不足以证明机动车不存在排放危害的；（2）机动车造成严重大气污染的；（3）生态环境部在大气污染防治监督检查中发现机动车可能存在排放危害的。

市场监管总局会同生态环境部进行调查，可以采取下列措施：(1) 进入机动车生产者、经营者以及排放零部件生产者的生产经营场所和机动车集中停放地进行现场调查；(2) 查阅、复制相关资料和记录；(3) 向有关单位和个人询问机动车可能存在排放危害的情况；(4) 委托技术机构开展机动车排放检验检测；(5) 法律、行政法规规定的可以采取的其他措施。机动车生产者、经营者以及排放零部件生产者应当配合调查。

2. 共同处理生产者异议。机动车生产者认为机动车不存在排放危害的，可以自收到通知之日起15个工作日内向市场监管总局提出书面异议，并提交证明材料。

市场监管总局应当会同生态环境部对机动车生产者提交的材料进行审查，必要时可以组织与机动车生产者无利害关系的专家采用论证、检验检测或者鉴定等方式进行认定。

3. 共同实施责令召回。机动车生产者既不按照市场监管总局通知要求实施召回又未在规定期限内提出异议，或者经认定确认机动车存在排放危害的，市场监管总局应当会同生态环境部书面责令机动车生产者实施召回。

(七) 其他说明

1. 关于与排放检验工作的衔接。统计分析发现，由于车主对消除排放风险的积极性不高，国外环境保护召回完成率普遍低于安全召回完成率。为此，《规定》创新性地提出了排放召回要与机动车排放检验衔接，明确在机动车排放年检时，检验机构要对召回范围的车主予以提醒，督促车主积极配合完成环境保护召回，切实减少排放污染。

2. 关于排放零部件生产者信息报告。与《缺陷汽车产品召回管理条例》及其实施办法相比，增加机动车排放零部件生产者发现机动车可能存在排放危害的，向市场监管总局报告，并通知机动车生产者的规定。

三、分析排放召回对机动车产业的影响

（一）机动车产业情况

汽车工业是我国国民经济的重要支柱产业。2020我国汽车销量继续蝉联全球第一。汽车制造业利润增长4.0%。2020年全国机动车保有量达3.72亿辆，其中汽车2.81亿辆；全国70个城市汽车保有量超过100万辆。全国有70个城市的汽车保有量超过百万辆，同比增加4个城市，31个城市超200万辆，13个城市超300万辆，其中北京、成都、重庆超过500万辆，苏州、上海、郑州超过400万辆，西安、武汉、深圳、东莞、天津、青岛、石家庄等7个城市超过300万辆。

2019年，全国机动车一氧化碳（CO）、碳氢化合物（HC）、氮氧化物（NOx）和颗粒物（PM）等四项污染物排放总量为1603.8万吨。汽车是机动车大气污染排放的主要制造者，其排放的CO、HC、NOx和PM超过90%。按车型分类，货车排放的NOx和PM明显高于客车，其中重型货车是主要制造者；客车CO和HC排放量明显高于货车。按燃料分类，柴油车排放的NOx接近汽车排放总量的80%，PM超过90%；汽油车CO和HC排放量较高，CO超过汽车排放总量的80%，HC超过70%。占汽车保有量7.9%的柴油货车，排放了60.0%的NOx和84.6%的PM，是机动车污染防治的重中之重。

（二）《规定》实施的预期影响

排放召回是国际通行做法，在美国、欧洲、日本等发达国家已经实施数十年，对降低机动车的排放水平，提高环境保护效果发挥了重要作用。由于排放召回单车召回成本可能高于汽车安全召回，《规定》短期内会给部分机动车企业，尤其是排放技术水平较低的企业带来较大的经济和品牌压力。但从长期来看，实施排放召回是必然趋势，《规定》会促使机动车行业更为重视排放技术研发及相关的标准要求，倒逼企业主动进行技术升级。比如，机动车企业要加强排放相关的研发与测试，生产符合国家相关排放标准的机动车产品；排放零部件生产企业应主动创

新，开发高性能、高可靠性的排放零部件产品。实施排放召回是趋势必然，企业只有主动对标差距，夯实基础，加强创新，才能由价格优势为主向技术、品牌、质量、服务为核心的综合竞争优势转变，才能实现产业高质量发展，真正成为世界汽车强国。

（来源：市场监管总局网站）

网信办　公安部　商务部　文化和旅游部

税务总局　市场监管总局　广电总局

网络直播营销管理办法（试行）

2021年4月16日　　国信办发文〔2021〕5号

第一章　总　　则

第一条　为加强网络直播营销管理，维护国家安全和公共利益，保护公民、法人和其他组织的合法权益，促进网络直播营销健康有序发展，根据《中华人民共和国网络安全法》《中华人民共和国电子商务法》《中华人民共和国广告法》《中华人民共和国反不正当竞争法》《网络信息内容生态治理规定》等法律、行政法规和国家有关规定，制定本办法。

第二条　在中华人民共和国境内，通过互联网站、应用程序、小程序等，以视频直播、音频直播、图文直播或多种直播相结合等形式开展营销的商业活动，适用本办法。

本办法所称直播营销平台，是指在网络直播营销中提供直播服务的各类平台，包括互联网直播服务平台、互联网音视频服务平台、电子商务平台等。

本办法所称直播间运营者，是指在直播营销平台上注册账号或者通过自建网站等其他网络服务，开设直播间从事网络直播营销活动的个人、法人和其他组织。

本办法所称直播营销人员，是指在网络直播营销中直接向社会公众开展营销的个人。

本办法所称直播营销人员服务机构，是指为直播营销人员从事网络直播营销活动提供策划、运营、经纪、培训等的专门机构。

从事网络直播营销活动，属于《中华人民共和国电子商务法》规定的“电子商务平台经营者”或“平台内经营者”定义的市场主体，应当依法履行相应的责任和义务。

第三条 从事网络直播营销活动，应当遵守法律法规，遵循公序良俗，遵守商业道德，坚持正确导向，弘扬社会主义核心价值观，营造良好网络生态。

第四条 国家网信部门和国务院公安、商务、文化和旅游、税务、市场监督管理、广播电视等有关主管部门建立健全线索移交、信息共享、会商研判、教育培训等工作机制，依据各自职责做好网络直播营销相关监督管理工作。

县级以上地方人民政府有关主管部门依据各自职责做好本行政区域内网络直播营销相关监督管理工作。

第二章 直播营销平台

第五条 直播营销平台应当依法依规履行备案手续，并按照有关规定开展安全评估。

从事网络直播营销活动，依法需要取得相关行政许可的，应当依法取得行政许可。

第六条 直播营销平台应当建立健全账号及直播营销功能注册注销、信息安全管理、营销行为规范、未成年人保护、消费者权益保护、个人信息保护、网络和数据安全管理等机制、措施。

直播营销平台应当配备与服务规模相适应的直播内容管理专业人员，具备维护互联网直播内容安全的技术能力，技术方案应符合国家相关标准。

第七条 直播营销平台应当依据相关法律法规和国家有关规定，制定并公开网络直播营销管理规则、平台公约。

直播营销平台应当与直播营销人员服务机构、直播间运营者签订协议，要求其规范直播营销人员招募、培训、管理流程，履行对直播营销内容、商品和服务的真实性、合法性审核义务。

直播营销平台应当制定直播营销商品和服务负面目录，列明法律法规规定的禁止生产销售、禁止网络交易、禁止商业推销宣传以及不适宜以直播形式营销的商品和服务类别。

第八条 直播营销平台应当对直播间运营者、直播营销人员进行基于身份证件信息、统一社会信用代码等真实身份信息认证，并依法依规向税务机关报送身份信息和其他涉税信息。直播营销平台应当采取必要措施保障处理的个人信息安全。

直播营销平台应当建立直播营销人员真实身份动态核验机制，在直播前核验所有直播营销人员身份信息，对与真实身份信息不符或按照国家有关规定不得从事网络直播发布的，不得为其提供直播发布服务。

第九条 直播营销平台应当加强网络直播营销信息内容管理，开展信息发布审核和实时巡查，发现违法和不良信息，应当立即采取处置措施，保存有关记录，并向有关主管部门报告。

直播营销平台应当加强直播间内链接、二维码等跳转服务的信息安全管理，防范信息安全风险。

第十条 直播营销平台应当建立健全风险识别模型，对涉嫌违法违规的高风险营销行为采取弹窗提示、违规警示、限制流量、暂停直播等措施。直播营销平台应当以显著方式警示用户平台外私下交易等行为的风险。

第十一条 直播营销平台提供付费导流等服务，对网络直播营销进行宣传、推广，构成商业广告的，应当履行广告发布者或者广告经营者的责任和义务。

直播营销平台不得为直播间运营者、直播营销人员虚假或者引人误解的商业宣传提供帮助、便利条件。

第十二条 直播营销平台应当建立健全未成年人保护机制，注重保护未成年人身心健康。网络直播营销中包含可能影响未成年人身心健康内容的，直播营销平台应当在信息展示前以显著方式作出提示。

第十三条 直播营销平台应当加强新技术新应用新功能上线和使用管理，对利用人工智能、数字视觉、虚拟现实、语音合成等技术展示的虚拟形象从事网络直播营销的，应当按照有关规定进行安全评估，并以显著方式予以标识。

第十四条 直播营销平台应当根据直播间运营者账号合规情况、关注和访问量、交易量和金额及其他指标维度，建立分级管理制度，根据级别确定服务范围及功能，对重点直播间运营者采取安排专人实时巡查、延长直播内容保存时间等措施。

直播营销平台应当对违反法律法规和服务协议的直播间运营者账号，视情采取警示提醒、限制功能、暂停发布、注销账号、禁止重新注册等处置措施，保存记录并向有关主管部门报告。

直播营销平台应当建立黑名单制度，将严重违法违规的直播营销人员及因违法失德造成恶劣社会影响的人员列入黑名单，并向有关主管部门报告。

第十五条 直播营销平台应当建立健全投诉、举报机制，明确处理流程和反馈期限，及时处理公众对于违法违规信息内容、营销行为投诉举报。

消费者通过直播间内链接、二维码等方式跳转到其他平台购买商品或者接受服务，发生争议时，相关直播营销平台应当积极协助消费者维护合法权益，提供必要的证据等支持。

第十六条 直播营销平台应当提示直播间运营者依法办理市场主体登记或税务登记，如实申报收入，依法履行纳税义务，并依法享受税收优惠。直播营销平台及直播营销人员服务机构应当依法履行代扣代缴义务。

第三章 直播间运营者和直播营销人员

第十七条 直播营销人员或者直播间运营者为自然人的，应当年满十六周岁；十六周岁以上的未成年人申请成为直播营销人员或者直播间运营者的，应当经监护人同意。

第十八条 直播间运营者、直播营销人员从事网络直播营销活动，应当遵守法律法规和国家有关规定，遵循社会公序良俗，真实、准确、全面地发布商品或服务信息，不得有下列行为：

（一）违反《网络信息内容生态治理规定》第六条、第七条规定的；

（二）发布虚假或者引人误解的信息，欺骗、误导用户；

（三）营销假冒伪劣、侵犯知识产权或不符合保障人身、财产安全要求的商品；

（四）虚构或者篡改交易、关注度、浏览量、点赞量等数据流量造假；

（五）知道或应当知道他人存在违法违规或高风险行为，仍为其推广、引流；

（六）骚扰、诋毁、谩骂及恐吓他人，侵害他人合法权益；

（七）传销、诈骗、赌博、贩卖违禁品及管制物品等；

（八）其他违反国家法律法规和有关规定的行为。

第十九条 直播间运营者、直播营销人员发布的直播内容构成商业广告的，应当履行广告发布者、广告经营者或者广告代言人的责任和义务。

第二十条 直播营销人员不得在涉及国家安全、公共安全、影响他人及社会正常生产生活秩序的场所从事网络直播营销活动。

直播间运营者、直播营销人员应当加强直播间管理，在下列重点环节的设置应当符合法律法规和国家有关规定，不得含有违法和不良信息，不得以暗示等方式误导用户：

（一）直播间运营者账号名称、头像、简介；

（二）直播间标题、封面；

（三）直播间布景、道具、商品展示；

（四）直播营销人员着装、形象；

（五）其他易引起用户关注的重点环节。

第二十一条 直播间运营者、直播营销人员应当依据平台服务协议做好语音和视频连线、评论、弹幕等互动内容的实时管理，不得以删除、屏蔽相关不利评价等方式欺骗、误导用户。

第二十二条 直播间运营者应当对商品和服务供应商的身份、地址、联系方式、行政许可、信用情况等信息进行核验，并留存相关记录备查。

第二十三条 直播间运营者、直播营销人员应当依法依规履行消费者权益保护责任和义务，不得故意拖延或者无正当理由拒绝消费者提出的合法合理要求。

第二十四条 直播间运营者、直播营销人员与直播营销人员服务机构合作开展商业合作的，应当与直播营销人员服务机构签订书面协议，明确信息安全管理、商品质量审核、消费者权益保护等义务并督促履行。

第二十五条 直播间运营者、直播营销人员使用其他人肖像作为虚拟形象从事网络直播营销活动的，应当征得肖像权人同意，不得利用信息技术手段伪造等方式侵害他人的肖像权。对自然人声音的保护，参照适用前述规定。

第四章　监督管理和法律责任

第二十六条　有关部门根据需要对直播营销平台履行主体责任情况开展监督检查，对存在问题的平台开展专项检查。

直播营销平台对有关部门依法实施的监督检查，应当予以配合，不得拒绝、阻挠。直播营销平台应当为有关部门依法调查、侦查活动提供技术支持和协助。

第二十七条　有关部门加强对行业协会商会的指导，鼓励建立完善行业标准，开展法律法规宣传，推动行业自律。

第二十八条　违反本办法，给他人造成损害的，依法承担民事责任；构成犯罪的，依法追究刑事责任；尚不构成犯罪的，由网信等有关主管部门依据各自职责依照有关法律法规予以处理。

第二十九条　有关部门对严重违反法律法规的直播营销市场主体名单实施信息共享，依法开展联合惩戒。

第五章　附　　则

第三十条　本办法自 2021 年 5 月 25 日起施行。

国家互联网信息办公室负责人就《网络直播营销管理办法（试行）》答记者问

2021年4月，国家互联网信息办公室、公安部、商务部、文化和旅游部、国家税务总局、国家市场监督管理总局、国家广播电视总局等七部门联合发布《网络直播营销管理办法（试行）》（以下简称《办法》）。国家互联网信息办公室有关负责人就《办法》相关问题答记者问。

1. 请介绍《办法》制定出台的背景。

答：网络直播营销，也就是通常所说的直播带货，作为一种新兴商业模式和互联网业态，近年来发展势头迅猛，在促进就业、扩大内需、提振经济、脱贫攻坚等方面发挥了积极作用，但同时出现了直播营销人员言行失范、利用未成年人直播牟利、平台主体责任履行不到位、虚假宣传和数据造假、假冒伪劣商品频现、消费者维权取证困难等问题，人民群众对此反映强烈，有必要及时出台相应的制度规范。

《办法》作为贯彻落实网络安全法、电子商务法、广告法、反不正当竞争法及《网络信息内容生态治理规定》等的重要行政规范性文件，对规范网络市场秩序，维护人民群众合法权益，促进新业态健康有序发展，营造清朗网络空间具有重要现实意义。

2. 《办法》的制定思路是什么？

答：《办法》坚持立足当前与着眼长远相结合，坚持促进发展与规范管理相结合，坚持继承性与创新性相结合，充分考虑网络直播营销发展趋势、行业实际、各类参与主体特点，按照全面覆盖、分类监管的思路，一方面针对网络直播营销中的“人、货、场”，将“台前幕后”各类主体、“线上线下”各项要素纳入监管范围，另一方面明确细化直播营销平台、直播间运营者、直播营销人员、直播营销人员服务机构等参与主体各自的权责边界，进一步压实各方主体责任。

3.《办法》对直播营销平台提出哪些明确要求?

答:《办法》明确直播营销平台应当建立健全账号及直播营销功能注册注销、信息安全管理、营销行为规范、未成年人保护、消费者权益保护、个人信息保护、网络和数据安全管理等机制、措施。

《办法》强调平台应当依法依规开展安全评估、履行备案手续、取得相关行政许可，具备维护直播内容安全的技术能力、制定平台规则公约的管理能力，要求平台制定直播营销商品和服务负面目录，认证并核验直播间运营者和直播营销人员的真实身份信息，加强网络直播营销信息内容管理、审核和实时巡查，对涉嫌违法违规的高风险营销行为采取管理措施，提供付费导流等服务需承担相应平台责任，建立健全未成年人保护机制，加强新技术新应用新功能上线和使用管理，建立直播间运营者账号的分级管理制度和黑名单制度，建立健全投诉、举报机制。此外，《办法》还对平台协助消费者维权、协助依法纳税等方面提出了细化要求。

《办法》在压实平台主体责任方面有所创新：一是提出事前预防，要求平台对粉丝数量多、交易金额大的重点直播间采取安排专人实时巡查、延长直播内容保存时间等防范措施。二是注重事中警示，要求平台建立风险识别模型，对风险较高和可能影响未成年人身心健康的行为采取弹窗提示、显著标识、功能和流量限制等调控措施。三是强调事后惩处，要求平台对违法违规行为采取阻断直播、关闭账号、列入黑名单、联合惩戒等处置措施。

4.《办法》对直播间运营者和直播营销人员提出哪些明确要求？

答：《办法》提出直播营销人员和直播间运营者为自然人的，应当年满十六周岁，要求直播间运营者、直播营销人员遵守法律法规和公序良俗，真实、准确、全面地发布商品或服务信息，明确直播营销行为 8 条红线，突出直播间 5 个重点环节管理，对直播营销活动相关广告合规、直播营销场所、互动内容管理、商品服务供应商信息核验、消费者权益保护责任、网络虚拟形象使用提出明确要求。

《办法》还要求，直播间运营者、直播营销人员与直播营销人员服务机构开展商业合作的，应当与直播营销人员服务机构签订书面协议，明确信息安全管理、商品质量审核、消费者权益保护等义务并督促履行。

5.《办法》在保护消费者合法权益方面提出哪些举措？

答：针对社会舆论广泛关切的消费者权益保护问题，《办法》进行了多处强化。直播营销平台应当及时处理公众对于违法违规信息内容、营销行为投诉举报。消费者通过直播间内链接、二维码等方式跳转到其他平台购买商品或者接受服务，发生争议时，相关直播营销平台应当积极协助消费者维护合法权益，提供必要的证据等支持。直播间运营者、直播营销人员应当依法依规履行消费者权益保护责任和义务，不得故意拖延或者无正当理由拒绝消费者提出的合法合理要求。

6. 为了更好地开展监督管理，《办法》明确了有关部门哪些职责？

答：《办法》提出，国家七部门建立健全线索移交、信息共享、会商研判、教育培训等工作机制，加强对行业协会商会的指导，对严重违反法律法规的直播营销市场主体名单实施信息共享，依法开展联合惩戒。同时，《办法》完善了民事、行政和刑事法律责任相衔接的体系化规定。违反本办法，给他人造成损害的，依法承担民事责任；构成犯罪的，依法追究刑事责任；尚不构成犯罪的，由网信等有关主管部门依据各自职责依照有关法律法规予以处理。

指导案例、典型案例与解读

最高人民检察院

关于印发最高人民检察院第二十八批指导性案例的通知

（2021年4月27日）

各级人民检察院：

经2021年4月1日最高人民检察院第十三届检察委员会第六十四次会议决定，现将江苏某银行申请执行监督案等三件指导性案例（检例第108—110号）作为第二十八批指导性案例（检察机关民事执行监督主题）发布，供参照适用。

江苏某银行申请执行监督案

（检例第108号）

【关键词】

执行案件案外人　保证责任　执行行为异议　程序指引错误　执行监督

【要旨】

质权人为实现约定债权申请执行法院解除对质物的冻结措施，向法院承诺对申请解除冻结错误造成的损失承担责任，该承诺不是对出质人债务的保证，人民法院不应裁定执行其财产。对人民法院错误裁定执行其财产的行为不服提出的异议是对执行行为的异议，对该异议裁定不服的救济途径为复议程序而非执行异议之诉。

【基本案情】

2014年7月9日，某银行与某公司签订《最高额银行承兑汇票承兑合同》，约定承兑最高限额不超过1000万元。同日，毛某芹与某银行签订《质押合同》，约定毛某芹以其名下某银行开具的2张存单共计1000万元对前述承兑合同项下借款提供质押担保，约定若主债权到期（包括提前到期）债务人未予清偿的，某银行有权实现质权；质押期限为2014年7月9日至2015年1月9日。当日，毛某芹向某银行交付上述质押存单2张并签订《权利质押清单》。某银行依约向某公司开具2张共计1000万元的承兑汇票并承兑付款，但某公司未能在票据到期日将应付票据款交存某银行。

2014年11月10日，江苏省扬中市人民法院在审理某小额贷款公司诉借款人杨某娥、连带保证人毛某芹民间借贷纠纷案中，根据某小额贷款公司的诉讼保全申请，冻结了毛某芹已质押给某银行的500万元的存单。

2015年1月7日，某银行以涉案存单到期为由向扬中市人民法院提出解除冻结的书面申请，未获批准。同年4月28日，某银行根据法院要求，出具《承诺》一份，载明："现我单位申请解除对该质押存单的冻结，若申请解除冻结的行为存在错误导致损失的，我单位提供反担保，对上述存单的申请解除冻结行为承担责任。"次日，法院解除冻结。

2015年6月8日，扬中市人民法院对某小额贷款公司诉杨某娥、毛某芹等人的民间借贷纠纷案作出判决，判令杨某娥偿还某小额贷款公司借款200万元本息，毛某芹等人共同承担连带还款责任。同年12月29日，某小额贷款公司申请强制执行。扬中市人民法院作出（2015）扬执字第1614号裁定，以某银行出具的《承诺》系自愿为毛某芹提供保证，故依据《最高人民法院关于人民法院执行工作若干问题的规定（试行）》（以下简称《执行工作若干规定》）第85条规定，裁定某银行在保证责任范围内对某小额贷款公司承担清偿责任。

某银行不服，向扬中市人民法院提出执行异议，认为其因行使质权需要，申请对涉案存单解除冻结并无过错，法院要求其承担保证责任无事实依据。扬中市人民法院于2016年3月7日作出（2016）苏1182执异5号裁定，认为某银行自愿为毛某芹提供保证，法院裁定执行其财产符合法律规定，遂裁定驳回异议，并告之如不服可在15日内向法院提起诉讼。

某银行遂根据法院指引，提起执行异议之诉，请求：确认某银行对涉案存单享有质权，其出具的《承诺》不构成保证；撤销扬中市人民法院追加其为被执行人的裁定及驳回异议裁定。2016年7月28日，扬中市人民法院认为该案应当依照审判监督程序处理，裁定驳回起诉。某银行不服提起上诉。镇江市中级人民法院认为某银行可通过普通确权诉讼另行主张质权，驳回上诉。

2016年底，某银行按照镇江市中级人民法院的指引，以毛某芹为被告、某小额贷款公司为第三人，向扬中市人民法院提起质押合同诉讼。2017年11月14日，该院作出（2016）苏1182民初4094号判决，确认某银行对涉案存单享有质权，其提供的《承诺》不构成对毛某芹债务的担保。某小额贷款公司不服提起上诉。2018年5月24日，镇江市中级人民法院二审判决驳回上诉，维持原判。

【检察机关履职情况】

线索来源　2017年3月初，某银行向扬中市人民检察院申请执行监督，主张其对毛某芹涉案存单享有质权，《承诺》不构成担保，扬中市人民法院据此追加其为被执行人违法。

调查核实　扬中市人民检察院受理某银行的监督申请后，查明以下事实：一是对涉案合同进行了审查，确认某银行对涉案存单享有质权。因某公司未能在票据到期日将应付票据款1000万元交存某银行，某银行有权根据《质押合同》约定对毛某芹质押的1000万元存单行使优先受偿权。二是本案执行期间，执行法院同时执行的另案，即毛某芹与王某龙民间借贷纠纷案的审判及执行情况。该案一审中，法院依王某龙申请冻结了毛某芹在某银行的12张存单共计6400万元，某银行同样以其对12张存单享有质权为由申请法院解除冻结，并向法院出具书面承诺，内容与本案《承诺》基本一致。法院解除对上述存单的冻结后，王某龙不服，先后提出执行异议和执行异议之诉，法院一审、二审、再审均认为某银行对该12张存单享有质权，依法享有优先受偿权，对王某龙提出的诉求未予支持。

监督意见　2017年3月14日，扬中市人民检察院向扬中市人民法院发出检察建议书，指出某银行出具的《承诺》不构成担保法意义上的保证，法院裁定由其承担还款责任，缺乏事实依据和法律依据。法院对某银行提出的异议予以驳回且引导其提起执行异议之诉，在执行异议之诉被驳回后又告之其依照审判监督程序处理，导致某银行饱受诉累，建议法院依法纠正错误执行行为。

2017年7月28日，扬中市人民法院回函以某银行提起质权确认之诉为由，未采纳检察建议。扬中市人民检察院对该案持续跟进监督，发现在质押合同纠纷案件审理期间，法院根据某小额贷款公司的申请已强行划扣某银行260万元。在质押合同纠纷一案判决确认某银行对涉案存单享有质权，《承诺》不构成对毛某芹债务的担保后，法院亦未将划转的260万元执行回转。扬中市人民检察院遂于2018年8月1日，再次向扬中市人民法院发出检察建议，指出：某银行与毛某芹、某小额贷款公司质押合同纠纷一案已全部审理完毕，原复函中提出的“某银行正在提起质权确认之诉"的情形已不复存在，建议法院依法纠错并进行执行回转。

监督结果 2019年1月25日，扬中市人民法院向扬中市人民检察院复函称，该院作出的（2015）扬执字第1614号裁定确有错误，应予纠正，对检察建议予以采纳。该院已于2018年9月6日裁定执行回转，某小额贷款公司已将260万元执行款返还某银行。

【指导意义】

（一）质权人为申请解除对质物的冻结，向法院承诺对申请解除冻结错误造成的损失承担责任，不是对出质人债务的保证，法院裁定执行其财产错误。《执行工作若干规定》第85条规定，人民法院在审理案件期间，保证人为被执行人提供保证，人民法院据此解除保全措施的，案件审结后如果被执行人无财产可供执行或其财产不足清偿债务时，人民法院有权裁定执行保证人在保证责任范围内的财产。执行程序中将案外人认定为保证人，意味着直接使得生效法律文书列明的被执行人以外的人承担实体责任，对当事人权利义务将产生无法律依据的不当影响，因此关于保证责任的认定应严格遵循有关法律规定，根据当事人真实意思表示慎重审查认定。本案中，某银行作为案外人，只有在向法院明确其愿意为被执行人毛某芹的债务提供保证时，法院才可裁定执行某银行在保证责任范围内的财产。某银行出具的《承诺》虽然有"反担保"一词，但反担保是指债务人为保证人提供的担保，某银行与毛某芹并非债务人与保证人的关系，某银行也未作出为毛某芹的债务提供担保的意思表示，因此不构成反担保。《承诺》是某银行应法院要求出具，内容是愿对其申请解除冻结错误可能导致的损失承担责任，并非为毛某芹对某小额贷款公司的担保债务提供保证，因此不属于《执行工作若干规定》第85条规定的"保证人为被执行人提供保证"的情形，人民法院据此裁定执行某银行的财产错误。

（二）执行程序中应正确区分对执行行为的异议与对执行标的的异

议，准确适用不同的法律救济途径。《民事诉讼法》第二百二十五条及第二百二十七条对执行行为异议和执行标的异议规定了不同的救济途径，当事人、利害关系人对执行行为异议裁定不服的，可向上级人民法院申请复议，对执行标的异议裁定不服的，可提起执行异议之诉。本案中，某银行是对法院认定《承诺》系对毛某芹担保的债务提供保证，并据此裁定执行其财产的行为不服，属于对执行行为提出的异议，而非对执行标的提出的异议，对该异议裁定不服的救济途径为复议程序，人民法院引导其提起执行异议之诉，程序指引有误。在某银行提起执行异议之诉后，人民法院认为该案应当依照审判监督程序处理，驳回起诉亦属适用法律错误。根据《最高人民法院关于适用〈中华人民共和国民事诉讼法〉的解释》第三百一十二条规定，人民法院应当对某银行就涉案存单是否享有足以排除强制执行的民事权益进行审理，并对其提出的确权诉讼请求一并作出裁判，而不应指引其另行提起普通确权诉讼主张质权。

（三）对已经设立质权的标的物，人民法院可以采取财产保全措施，但不影响质权人的优先受偿权。根据《最高人民法院关于适用〈中华人民共和国民事诉讼法〉的解释》第一百五十七条的规定，人民法院对抵押物、质押物、留置物可以采取财产保全措施，但不影响抵押权人、质权人、留置权人的优先受偿权。某银行作为涉案存单的质权人，有权请求法院解除冻结，法院在某银行提供有关证据证明其对涉案存单享有质权的情况下，应解除对涉案存单的冻结。此时申请诉讼保全的权利人若有异议，可以向法院提出，若在执行异议程序中仍不能解决双方争议，则可提起执行异议之诉。本案法院在解除对涉案存单冻结后，诉讼保全申请人某小额贷款公司并未提出异议的情况下，裁定执行该存单财产并指引某银行提起执行异议之诉及质权确权之诉，事实上混淆了本案争议焦点，适用法律及程序指引均存在错误。

人民检察院在依法履行民事执行法律监督职责时，经调查核实，发现人民法院执行活动存在上述违反法律规定情形的，应当依法提出检察建议。对于人民法院已错误划扣的财产应当建议法院进行执行回转。

【相关规定】

《最高人民法院关于人民法院执行工作若干问题的规定（试行）》第85条

《中华人民共和国民事诉讼法》第二百二十五条、第二百二十七条、第二百三十五条

《最高人民法院关于适用〈中华人民共和国民事诉讼法〉的解释》第三百一十二条

《中华人民共和国担保法》第四条

湖北某房地产公司申请执行监督案

（检例第109号）

【关键词】

鉴定材料　评估结果明显失实　评估异议　执行人员违法　执行监督

【要旨】

对于民事执行监督中当事人有证据证明执行标的物评估结果失实问题，人民检察院应当依法受理并围绕影响评估结果的关键性因素进行调查核实；经过调查核实查明违法情形属实的，人民检察院应当依法监督纠正；对于发现的执行人员和相关人员违纪、违法犯罪线索应当及时移送有关单位或部门处理。

【基本案情】

2004年9月，某银行与某娱乐公司、某房地产公司因借款合同纠纷，向武汉仲裁委员会申请仲裁。武汉仲裁委员会裁决某娱乐公司向某

银行偿还贷款本息共计 3590.45 万元，某银行对担保人某房地产公司抵押的财产优先受偿。裁决生效后，某银行于 2004 年 11 月向湖北省武汉市中级人民法院申请强制执行，后因某银行以当时拍卖变现抵押物会对该行造成较大损失为由，向武汉市中级人民法院申请暂缓拍卖，该院于 2005 年 10 月裁定终结本次执行程序，并向申请执行人发放债权凭证。2013 年 1 月，某银行申请恢复执行，武汉市中级人民法院于 2013 年 2 月作出（2004）武执字第 428 号执行裁定，对某房地产公司唯一资产——位于武汉市硚口区某地块 1.3 万余平方米的土地进行为期两年的查封，并于 2015 年 1 月作出（2004）武执字第 00428－1 号执行裁定，对上述土地续查封一年。上述两份执行裁定均未向某房地产公司和某银行送达。2014 年 7 月，武汉市中级人民法院委托评估机构对上述土地使用权价值进行评估，评估价为 5778.57 万元。某房地产公司对上述评估结果不服，提出执行异议，武汉市中级人民法院未对评估过程中是否存在程序违法进行审查，亦未交评估机构对异议内容进行复核。

2015 年 2 月 25 日，涉案土地公开拍卖，某置业公司经两轮竞价，以 5798.57 万元的价格竞买成交。2016 年 6 月，武汉市土地交易中心为竞买人办理变更使用权人登记时，为确定税费对涉案土地再次委托评估，确定总地价为 21300.7 万元。后武汉市土地交易中心与某置业公司签订《国有建设用地使用权成交确认书》。

【检察机关履职情况】

线索来源　2018 年 3 月，某房地产公司认为本案执行行为违反法律规定，向湖北省武汉市人民检察院申请监督，主要理由是执行程序中涉案土地的容积率明显有误，土地价值严重低估。武汉市人民检察院依法受理。

调查核实　武汉市人民检察院通过调查核实查明以下事实：一是武汉市国土资源和规划局保存的原始地籍资料显示，涉案土地出让时容积率为 4.16。二是武汉市中级人民法院执行人员曾于委托评估前调取该地籍资料并入卷，但委托评估时未向评估机构提供。三是本案土地价格评估时，评估人员未查实涉案土地容积率，自行依据周边情况设定容积率为2.0。四是某房地产公司及本案其他债权人曾于2014年9月和2015年2月提出执行异议，法院未予处理。五是竞买后，某置业公司变更权属登记时，武汉市国土资源和规划局硚口分局经核算确定涉案土地的容积率为4.61，并依此办理权属变更登记公示；为确定土地交易税费，武汉市土地交易中心委托三家评估机构分别进行价值评估，其中估价为21300.7万元的结果居中，该交易中心按21300.7万元的总地价确定交易税费。六是某置业公司后已在涉案土地上开发“盛世公馆”项目并销售，建设用地规划许可证载明用地面积13214.19平方米，建设规模60969.75平方米，据此计算容积率为4.61。

监督意见　武汉市人民检察院认为武汉市中级人民法院在本案执行程序中存在下列违法情形：第一，在已调取地籍资料的情况下，未将地籍资料移交给评估公司，未对委托评估资料的完整性负责，致使涉案土地评估价格5778.57万元明显低于实际市场价格；第二，未依法对某房地产公司提出的执行异议进行审查并作出处理；第三，未依法送达法律文书。2018年4月13日，武汉市人民检察院向武汉市中级人民法院发出检察建议书，建议依法纠正错误执行行为；采取有效措施，统筹解决执行纠错及某房地产公司破产问题，维护某房地产公司及其债权人的合法权益；对执行人员的失职行为按照《人民法院工作人员处分条例》的规定予以处理。另，本案在启动监督程序后，对发现的职务犯罪线索已移送有关部门。

监督结果　武汉市中级人民法院收到检察建议书后，于2018年6月6日立案审查；2018年11月8日，该院复函武汉市人民检察院，确认执行人员委托鉴定时未依法移交调取的鉴定资料，未能保证鉴定资料的充分性、完整性，导致评估价格明显低于市场价格、评估结果失实，损害被执行人合法权益，且存在其他程序违法问题；2018年12月29

日，该院作出（2018）鄂01执监9号执行裁定，撤销该院对案涉地块土地使用权的网络司法拍卖；2019年1月14日，武汉市中级人民法院再次复函武汉市人民检察院，确认竞买人之间存在恶意串通的行为，严重扰乱司法拍卖秩序。

就本案造成的财产损害，某房地产公司以某置业公司为被告，提起财产损害赔偿之诉，武汉市中级人民法院已作出二审判决，判令某置业公司赔偿某房地产公司财产损失11760.09万元及相应利息；就该判决的履行，双方已达成具体的履行协议。

另，对本案移送的犯罪线索，有关部门已分别对某置业公司法定代表人翟某、某评估公司法定代表人贾某、估价师黄某4人立案。经湖北省武汉市洪山区人民检察院依法提起公诉，洪山区人民法院经审理认定翟某以威胁手段，强迫他人退出拍卖，导致翟某所控制的公司拍得土地使用权的价格远低于实际价值，以翟某犯强迫交易罪，判处有期徒刑二年，缓刑二年，并处罚金二万元，判决现已生效。贾某、黄某被武汉市中级人民法院二审以提供虚假证明文件罪分别判处有期徒刑一年零三个月、一年零六个月，并处罚金。

【指导意义】

（一）对于可能存在的执行标的物评估结果失实的问题，人民检察院应着重围绕影响评估结果的关键性因素进行调查核实。执行标的物评估结果失实，特别是评估结果明显低于市场价格损害财产权利人利益，是执行监督中当事人反映比较集中的一类问题，尤以土地、房产和重大设备价值评估为多发领域。评估结果失实是检察机关依法履职的线索来源，人民检察院应据此重点审查是否存在违法情形导致评估结果失实，查明违法情形属实的，应当依法监督。土地作为执行标的物时，其市场价格与土地容积率、地段、周边配套等因素密切相关，人民检察院调查核实违法情形时应当重点围绕决定土地价格的密切相关因素进行。以土地容积率为例，可以查实地块出让时确定的容积率、执行人员对容积率的查明掌握情况、评估鉴定机构确定容积率的方法、权属变更登记公示时的容积率和确定土地交易税费时的容积率，遇有容积率的确定存在前后明显差异的情形，应重点查实确定容积率的方法、途径和变化因素等。

（二）查实执行活动存在违法情形的，应当予以监督纠正，对于相关人员可能存在的违纪违法和犯罪线索，应当按规定移送有关部门处理。人民检察院开展执行监督工作，对确有错误的执行案件，应当建议人民法院依法纠正；发现执行人员违纪违法的，应建议人民法院予以处理；发现涉嫌犯罪的，应当将案件线索依法移送有关单位或部门。办理涉及评估鉴定的执行监督案件时，应当注意查明人民法院委托评估鉴定是否向评估鉴定机构提供了真实、完整、充分的评估鉴定材料，是否将已掌握的相关情况全部告知评估鉴定机构，从中发现委托评估鉴定过程中是否存在违法行为。

【相关规定】

《中华人民共和国拍卖法》第三十七条

《司法鉴定程序通则》第十三条

黑龙江何某申请执行监督案

（检例第110号）

【关键词】

夫妻共同债务认定　执行依据　违法追加被执行人　程序违法　跟进监督

【要旨】

执行程序应当按照生效判决等确定的执行依据进行，变更、追加被执行人应当遵循法定原则和程序，不得在法律和司法解释规定之外或者未经依法改判的情况下变更、追加被执行人。对于执行程序中违法变更、追加被执行人的，人民检察院应当依法监督。

【基本案情】

张某与何某系夫妻关系。2009年至2010年，张某因销售燃煤急需资金，向魏某借款共计35万元，到期未偿还。魏某以张某为被告向黑龙江省铁力市人民法院提起诉讼。2012年2月27日，铁力市人民法院作出（2011）铁民初字第833号民事判决，判令“被告张某于本判决发生法律效力后十五日内偿还原告魏某本金35万元”。张某不服一审判决，上诉至伊春市中级人民法院，二审驳回上诉、维持原判。2012年8月6日，魏某向铁力市人民法院申请执行。2014年1月22日，张某与何某协议离婚。

2015年7月30日，铁力市人民法院作出（2012）铁执字167－2号执行裁定，以借款系夫妻共同债务为由，裁定追加何某为被执行人，并冻结何某工资。

何某向铁力市人民法院提出书面异议。2015年12月28日，铁力市人民法院作出（2015）铁执异字第16号执行裁定，认为婚姻关系存续期间，夫妻一方以个人名义所负债务，除债权人与债务人明确约定为个人债务或夫妻约定婚姻关系存续期间财产归各自所有外，都应视为夫妻共同债务，裁定驳回何某的异议。何某不服该裁定，向黑龙江伊春市中级人民法院申请复议。2016年4月11日，伊春市中级人民法院作出（2016）黑07执复2号执行裁定，驳回何某的复议申请。

【检察机关履职情况】

线索来源　2017年5月31日，何某向黑龙江铁力市人民检察院申请执行监督，认为铁力市人民法院在执行程序中追加被执行人违法。铁力市人民检察院依法受理。

监督意见　2017年6月28日，铁力市人民检察院向铁力市人民法院发出检察建议书，认为铁力市人民法院裁定追加何某为被执行人缺乏法律依据，建议纠正。7 月 26 日，铁力市人民法院复函，认为追加何某为被执行人适用法律准确，程序合法，且上级法院已作出执行异议复议裁定，故不予采纳检察建议。铁力市人民检察院提请伊春市人民检察院跟进监督。11 月 8 日，伊春市人民检察院向伊春市中级人民法院发出检察建议书，认为生效判决并未确认案涉款项为夫妻共同债务，执行环节不应直接改变执行依据，在未经法院改判的情况下不应直接将判决确认的个人债务推定为夫妻共同债务；追加何某为被执行人，既影响判决的既判力，又剥夺何某诉讼权利，使得何某未经审判程序即需承担义务，建议纠正。

监督结果 2018 年 3 月 22 日，伊春市中级人民法院作出（2018）黑 07 民监 1 号回复函，认为铁力市人民法院不应追加何某为被执行人，经该院审判委员会讨论决定，采纳伊春市人民检察院的检察建议。4 月 16 日，伊春市中级人民法院作出（2018）黑 07 执监 3 号执行裁定，撤销铁力市人民法院（2012）铁执字 167－2 号执行裁定。后铁力市人民法院解除对何某工资账户的冻结。

【指导意义】

（一）违法追加被执行人，人民检察院应当依法监督。审判和执行程序分工不同，当事人实体权利义务应由审判程序予以确定，执行程序通常不应直接确定当事人实体权利义务，只能依照执行依据予以执行。变更、追加被执行人应当遵循法定原则，对于法律或司法解释规定情形之外的，不能变更、追加，否则实质上剥夺了当事人的诉讼权利，属于程序违法。“未经审判程序，不得要求未举债的夫妻一方承担民事责任”的具体规定虽然是 2017 年 2 月最高人民法院在《关于依法妥善审理涉及夫妻债务案件有关问题的通知》中才明确表述的，但是，人民法院在执行程序中追加被执行人的基本原则、程序一直是确定的，这一规定只是对确定夫妻共同债务既有规则的重申。人民检察院发现执行程序中人民法院违法追加被执行人的，应当依法进行监督。

（二）办理可能涉及夫妻共同债务的案件，既要注重保护债权人的合法权利，又要注重保护未共同举债的夫妻另一方的合法权利。涉夫妻共同债务案件事关交易安全、社会诚信和家庭稳定，办理此类案件过程中，既要注意到可能存在夫妻双方恶意串通损害债权人利益的情形，也要注意到可能存在夫妻一方与债权人恶意串通损害配偶利益的情形，特别是要防止简单化地将夫妻关系存续期间发生的债务都认定为夫妻共同债务。如严格按照《民法典》第一千零六十四条的规定认定是否属于夫妻共同债务，同时要严守法定程序，保障当事人诉讼权利。如有证据证明可能存在夫妻双方恶意串通损害债权人利益的，应经由审判程序认定夫妻共同债务，而非在执行程序中直接追加夫妻另一方为被执行人。

（三）人民检察院认为人民法院对检察建议处理结果错误，可以提请上级院跟进监督。检察建议是人民检察院履行法律监督职能的重要方式。发现人民法院对人民检察院提出的检察建议未在规定的期限内作出处理并书面回复，以及对检察建议的处理结果错误的，应当按照有关规定进行监督，或者提请上级院监督。

【相关规定】

《人民检察院民事诉讼监督规则（试行）》第一百一十七条

强化民事执行监督职能
提高执行监督精准度

——最高人民检察院第六检察厅负责人就
第二十八批指导性案例答记者问

2021年5月10日，为指导各地检察机关依法办理民事执行监督案件，进一步强化民事执行监督职能、提高执行监督精准度，最高人民检察院发布第二十八批指导性案例（“民事执行监督”主题），最高人民检察院第六检察厅厅长就相关问题回答了记者提问。

1. 什么是“民事执行监督”？包括什么样的监督范围？

答： 民事执行监督以民事诉讼法和其他有关法律规定为依据，并由《最高人民法院、最高人民检察院关于民事执行活动法律监督若干问题的规定》进一步细化。“民事执行监督”是检察机关民事诉讼监督工作的重要组成部分，是指检察机关依法对民事执行活动实行法律监督，人民法院依法接受检察机关的法律监督。检察机关办理民事执行监督案件，以事实为依据、以法律为准绳，坚持公开、公平、公正和诚实信用原则，尊重和保障当事人的诉讼权利，注重监督和支持人民法院依法行使执行权。

民事执行监督的范围包括对人民法院执行生效民事判决、裁定、调解书、支付令、仲裁裁决以及公证债权文书等法律文书的活动实行法律监督。

2. 请问制发民事执行监督指导性案例的主要考虑是什么？

答：2012年修正的民事诉讼法明确规定："人民检察院有权对民事执行活动实行法律监督。"2016年，为促进人民法院依法执行、规范人民检察院民事执行法律监督活动，最高人民法院、最高人民检察院联合发布了《最高人民法院、最高人民检察院关于民事执行活动法律监督若干问题的规定》，对民事执行监督原则、监督范围、监督方式等问题予以明确。2020年7月，最高人民法院、最高人民检察院联合发布了《最高人民法院、最高人民检察院关于建立全国执行与法律监督工作平台 进一步完善协作配合工作机制的意见》，就"全国执行与法律监督工作平台"建设、加强协作配合、完善工作机制、实现信息共享等内容作出相关规定。近年来，全国检察机关民事检察部门认真履行民事执行监督职能，全面加强对人民法院民事执行活动的监督，力求在破解"执行难""执行乱"中与人民法院形成合力，做到监督与支持并重，依法办理了一批典型案件，积累了一些经验做法。2020年，全国检察机关办结执行监督案件48620件，提出检察建议37427件，法院同期采纳36754件。但是，民事执行检察工作也存在配套规定不足、监督质效不高、各地工作不平衡、人员力量与监督职能不匹配等问题。

此次制发检察机关民事执行监督指导性案例的主要目的在于：一是充分发挥指导性案例的示范引领作用，为全国检察机关民事检察部门依法办理执行监督案件提供办案指引，保障法律统一正确实施。民事执行监督工作起步较晚，案件大量分布在基层，基层检察机关民事检察工作的人员配备和队伍专业化建设都存在较大提升空间。民事诉讼法虽然规定检察机关有权监督民事执行活动，但缺少对监督方式、监督程序、监督效力等问题的具体规定。2016年的最高人民法院、最高人民检察院会签文件虽然进一步明确了监督实践中的基本问题，然而，相较于日益丰富的司法实践需求，民事执行监督仍然面临规范缺失和滞后的制度困境。通过制发民事执行监督指导性案例，旨在促进对法律适用、监督理念和司法政策的进一步厘清，也将积累的成功经验予以推广，起到积极的示范作用。二是进一步提高检察机关自身对民事执行监督工作的重视，在监督深度和广度上下功夫，同时增强社会认知度。总体说来，民事执行监督虽然在案件数量上已经达到一定规模，但是监督质效不高，有影响力的典型案件较少。本次制发指导性案例，共有 106 件案例入围备选，通过层层筛选、多方征求意见，最高人民检察院最终选择了 3 件违法情形突出、监督效果良好的案例，作为指导性案例予以发布。通过梳理总结相关检察院在促进人民法院依法执行、推动解决“执行难”“执行乱”问题上作出的努力，督促各级检察机关进一步加强对民事执行监督工作的重视。对符合依职权监督条件的案件，依法启动监督程序，提升监督广度；对倾向性、趋势性问题及时分析研判，积极提出类案监督意见或工作建议，夯实监督深度。

3. 本批民事执行监督指导性案例有哪些特点？

答：本批 3 个案例分别来自江苏、湖北和黑龙江，主要有以下特点：

一是重点围绕法律适用问题和违法执行问题。其中，检例第 108 号案例主要涉及“诉讼保全中的担保”与“反担保”的认定，以及区分“对执行行为的异议”与“对执行标的的异议”适用不同的法律救济途径；检例第 109 号案例主要涉及执行标的物评估结果严重失实及相应违法情形的监督；检例第 110 号案例主要涉及执行程序应当按照确定的执行依据进行强制执行，变更、追加被执行人应当遵循法定原则和程序。

二是检察机关依法履职取得了良好的法律和社会效果。在 3 个指导性案例中，检察机关均不仅限于发出检察建议，还积极跟进关注了检察建议采纳、违法行为纠正、当事人程序及实体权利保护的后续情况，实现了良好的监督效果。检例第 108 号案件已进行了执行回转，相关当事人已将执行款返还监督申请人；检例第 109 号案件已撤销了司法拍卖，就该案造成的财产损害，人民法院已判令相关当事人赔偿监督申请人财产损失及相应利息，就该判决的履行，双方已达成具体的履行协议；检例第 110 号案件已撤销原执行裁定，解除对监督申请人工资账户的冻结。

三是针对部分检察建议未能及时得到回复、未被采纳的情形，检察机关依据《人民检察院民事诉讼监督规则（试行）》的相关规定进行了跟进监督，包括提请上级检察院监督，也包括原监督机关再次监督。检例第 108 号案例和检例第 110 号案例均属于检察机关依法跟进监督的情形。

4. 请介绍一下本批民事执行监督指导性案例的指导意义。

答：一是有利于各地准确理解和把握变更、追加被执行人应当遵循法定原则和程序。审判和执行程序分工不同，当事人实体权利义务应由审判程序予以确定，执行程序通常不应直接确定当事人实体权利义务，只能依照执行依据予以执行。变更、追加被执行人应当遵循法定原则，对于法律或司法解释规定情形之外的，不能变更、追加，否则实质上剥夺了当事人的诉讼权利，属于程序违法。比如检例第 110 号案例，“未经审判程序，不得要求未举债的夫妻一方承担民事责任”的具体规定虽然是 2017 年 2 月在《最高人民法院关于依法妥善审理涉及夫妻债务案件有关问题的通知》中才明确表述的，但是，人民法院在执行程序中追加被执行人的基本原则、程序一直是确定的，这一规定只是对确定夫妻共同债务既有规则的重申。

二是有利于指导各地准确理解和把握涉及执行工作的相关司法解释的规定。比如，根据《最高人民法院关于人民法院执行工作若干问题的规定（试行）》第 85 条，人民法院在审理案件期间，保证人为被执行人提供保证，人民法院据此未对被执行人的财产采取保全措施或解除保全措施的，案件审结后如果被执行人无财产可供执行或其财产不足清偿债务时，即使生效法律文书中未确定保证人承担连带责任，人民法院有权裁定执行保证人在保证责任范围内的财产。检例第108号案例中涉及的质权人为申请解除对质物的冻结，向法院承诺对申请解除冻结错误造成的损失承担责任，不是对出质人债务的保证，不能理解为该司法解释规定的“保证人为被执行人提供保证”的情形，人民法院裁定执行其财产属于违法。值得注意的是，执行程序中将案外人认定为保证人，意味着令生效法律文书列明的被执行人以外的人承担实体责任，对当事人权利义务将产生重大影响，因此，保证责任应当依照法律规定、根据当事人的真实意思表示审查确定。再比如，理解和把握执行程序中人民法院对于已设立质权的标的物采取财产保全措施的，不影响质权人的优先受偿权。根据《最高人民法院关于适用〈中华人民共和国民事诉讼法〉的解释》第一百五十七条的规定，人民法院对抵押物、质押物、留置物可以采取财产保全措施，但不影响抵押权人、质权人、留置权人的优先受偿权。在检例第108号案例中，当事人作为存单的质权人请求人民法院解除冻结，人民法院在其提供有效证据证明享有质权时应解除对涉案存单的冻结。诉讼保全申请人若有异议，可以向人民法院提出；如在执行异议程序中不能解决双方争议，则可提起执行异议之诉。

三是有利于指导各地重视和把握涉夫妻共同债务案件当事人合法权益在执行程序中的平等保护。涉夫妻共同债务案件事关交易安全、社会诚信和家庭稳定，办理此类案件过程中，既要注意可能存在夫妻双方恶意串通损害债权人利益的情形，也要注意可能存在夫妻一方与债权人恶意串通损害配偶另一方利益的情形，特别是要防止简单化地将夫妻关系存续期间发生的债务都认定为夫妻共同债务。涉及夫妻共同债务的案件，当前应当严格按照民法典的有关规定认定是否属于夫妻共同债务，既要注重保护债权人的合法权益，又要注重保护未共同举债的夫妻另一方的合法权益，同时要严守法定程序、保障当事人诉讼权利。如有证据证明可能存在夫妻双方恶意串通损害债权人利益的，应经由审判程序认定，而非在执行程序中直接追加夫妻另一方为被执行人。

四是有利于指导各地正确理解把握对执行行为的异议与对执行标的的异议应当适用不同的法律救济途径。民事诉讼法第二百二十五条及第二百二十七条对执行行为异议和执行标的异议规定了不同的救济途径，当事人、利害关系人对执行行为异议裁定不服的，可向上级人民法院申请复议，对执行标的异议裁定不服的，可提起执行异议之诉。当事人认为人民法院对其意思表示性质认定错误，并据此裁定执行其财产的行为不服，属于对执行行为提出的异议，而非对执行标的提出的异议，对该异议裁定不服的救济途径为复议程序，如人民法院引导其提起执行异议之诉，程序指引有误。在检例第108号案例中，当事人提起执行异议之诉后，人民法院认为该案应当依照审判监督程序处理，驳回起诉亦属适用法律错误。根据《最高人民法院关于适用〈中华人民共和国民事诉讼法〉的解释》第三百一十二条的规定，人民法院应当对该当事人就涉案存单是否享有足以排除强制执行的民事权益进行审理，并对其提出的确权诉讼请求一并作出裁判，而不应指引其另行提起普通确权诉讼主张质权。

五是有利于指导各地把握线索来源与监督履职的关系。实践中，检察机关需要面对大量纷繁复杂的线索来源，线索来源不等同于违法行为，不等同于监督履职，检察机关需要通过调查核实查明违法情形是否属实，并据此决定是否提出监督意见。比如，检例第109号案例中所涉及的执行标的物评估结果失实是实践中监督申请人集中反映的一类问题，尤以土地、房产和重大设备价值评估为多发领域，评估结果失实是检察机关依法履职的线索来源，人民检察院应据此重点审查是否由于存在违法情形导致评估结果失实，查明违法情形属实的，应当依法监督。

六是有利于指导各地切实关注检察建议的采纳和回复情况，依法做好跟进监督。检察建议是人民检察院履行法律监督职能的重要方式。不能发出检察建议就简单了结，还要积极持续关注检察建议的采纳情况，以及违法行为是否得到纠正、当事人程序及实体权利保护的后续情况。人民法院对检察机关提出的检察建议未在规定的期限内作出处理并书面回复，以及对检察建议的处理结果错误的，检察机关应当按照有关规定进行督促，或者跟进监督。

5. 当事人如何向检察机关申请民事执行监督？

答：当事人、利害关系人、案外人认为人民法院的民事执行活动存在违法情形的，可以向执行法院所在地的同级人民检察院申请监督。申请时应当提交监督申请书、身份证明、相关法律文书及证据材料。提交证据材料的，应当附证据清单。申请监督材料不齐备的，人民检察院会要求申请人限期补齐，并明确告知应补齐的全部材料。申请人逾期未补齐的，视为撤回了监督申请。

值得注意的是，法律规定可以提出异议、复议或者提起诉讼，而当事人、利害关系人、案外人没有提出异议、申请复议或者提起诉讼的，除有正当理由的外，检察机关将不予受理；当事人、利害关系人、案外人已经向人民法院提出执行异议或者申请复议，人民法院审查异议、复议期间，当事人、利害关系人、案外人又向检察机关申请监督的，除申请对人民法院的异议、复议程序进行监督的外，检察机关也将不予受理。

民事案件同人民群众权益联系最直接最密切。习近平总书记指出，要加强民事检察工作，加强对司法活动的监督，畅通司法救济渠道，保护公民、法人和其他组织合法权益。全国检察机关民事检察部门将以贯彻落实民法典为契机，用好“全国执行与法律监督工作平台”，坚持“监督与支持并重”的监督理念，持续关注推动解决“执行难”“执行乱”，克服民事执行监督工作起步较晚、监督质效不高等问题，切实强化民事执行监督职能，提高执行监督精准度，为更好地推进全面依法治国、建设社会主义法治国家贡献积极力量！

最高人民检察院

工伤认定和工伤保险类行政检察监督典型案例

（2021年5月12日）

案例一

颜某某诉广西某县人力资源和社会保障局、某市人力资源和社会保障局工伤认定及行政复议检察监督案

【基本案情】

颜某某的丈夫梁某某生前是广西某县住建局职工。2016年9月29日，梁某某受单位指派前往某市参加会议，当日下午会议结束乘车返回某县途中，于21时突然昏倒、丧失意识，被就近送到卫生院抢救，22时转入某县人民医院抢救，被诊断为脑干出血、呼吸停止，给予气管插管、呼吸机辅助呼吸等治疗。9月30日13时50分，梁某某被转入某市人民医院抢救，但自主呼吸丧失，给予持续呼吸、循环生命支持。经多日抢救无好转可能，梁某某家属签字放弃治疗，某市人民医院遂于10月9日14时30分拔掉呼吸机，5分钟后宣告梁某某死亡。2016年11

月8日，颜某某向某县人力资源和社会保障局（以下简称某县人社局）申请工伤认定，该局认为梁某某不符合《工伤保险条例》第十五条第一款第一项规定的视同工伤情形，不予认定为工伤。颜某某不服，向某市人力资源和社会保障局（以下简称某市人社局）申请行政复议，该局复议维持了某县人社局的不予认定工伤决定。颜某某不服，向某市某区人民法院提起行政诉讼。某区人民法院一审认定梁某某属于视同工伤情形，判决撤销某市人社局行政复议决定、某县人社局不予认定工伤决定，责令某县人社局限期重作决定。某市人社局不服，上诉至某市中级人民法院。某市中级人民法院二审认定梁某某不属于视同工伤情形，判决撤销一审判决、驳回颜某某的诉讼请求。颜某某不服，向广西壮族自治区高级人民法院申请再审被驳回后，向某市人民检察院申请监督，该院提请广西壮族自治区人民检察院抗诉。

【检察机关履职情况】

检察机关经查阅审判卷宗、病历材料和询问相关人员，认定各方当事人对梁某某属于在工作时间、工作岗位上突发疾病没有异议，争议焦点是梁某某在病发后经抢救超过48小时才被宣告死亡，是否属于《工伤保险条例》第十五条第一款第一项规定的视同工伤情形。检察机关认为，梁某某在发病当日已被某县人民医院诊断为脑干出血、呼吸停止，在病发约17个小时后转入某市人民医院抢救，但自主呼吸丧失，始终需要依靠设备给予呼吸、循环生命支持，且经持续抢救10余天无法好转，并在拔掉呼吸机5分钟后即被宣告死亡，在法律对死亡认定标准没有明确规定情况下，本案应从有利于保护职工的立场予以解释，认定梁某某视同工伤。广西壮族自治区人民检察院向自治区高级人民法院提出抗诉后，该院采纳了抗诉意见，再审判决撤销二审判决、维持一审判决。随后，某县人社局主动履行了自治区高级人民法院的再审判决，重新作出梁某某属于工伤的认定，相关工伤保险待遇已支付到位，本案行政争议得以实质性化解。

【典型意义】

人民检察院办理工伤认定类行政诉讼监督案件，应当全面把握《工伤保险条例》立法精神，对法律规定不明确的，应从有利于保护职工等弱势群体的立场进行解释和认定。人民检察院认为法院生效判决对工伤认定适用法律错误、实体处理不当的，通过提出抗诉予以监督纠正，维护劳动者合法权益。

案例二

刘某诉新疆某市某区人力资源和社会保障局工伤保险待遇行政赔偿检察监督案

【基本案情】

2001年，刘某在新疆某煤矿工作时左手被炸伤，新疆某市某区劳动局作出不予认定工伤决定。刘某随后提起行政复议和行政诉讼，人民法院终审和再审均驳回其诉讼请求，经最高人民检察院抗诉后，最高人民法院于2013年判决撤销原行政行为，并责令某区人力资源和社会保障局（原某区劳动局，以下简称某区人社局）重新作出行政行为。最终，刘某被认定为工伤、伤残六级。经刘某申请劳动仲裁、提起劳动争议诉讼后，2017年人民法院判决某煤矿向刘某支付工伤保险待遇等。某煤矿因未依法缴纳工伤保险，且其营业执照被吊销，无可供执行的财产，故该民事判决被人民法院裁定终结执行。刘某认为，某区人社局未及时认定工伤的行为导致其工伤待遇无法获赔，遂于2018年向人民法院提起行政诉讼，要求某区人社局就其工伤保险待遇承担赔偿责任。人民法院一审、二审、再审均未支持刘某诉讼请求。2020 年，刘某向检察机关申请监督。

【检察机关履职情况】

新疆某市人民检察院审查后认为，刘某主张的工伤保险待遇赔偿未获得实际支付，系因某煤矿无财产导致生效民事判决无法执行造成，某区人社局未及时认定工伤的行政行为并不会必然导致该损失的发生，违法行为与损害后果之间没有法律上的因果关系，故刘某行政赔偿请求缺乏事实及法律依据，人民法院行政判决并无不当。但鉴于刘某诉求具有正当性，为实质性化解行政争议，办案人员对案件进行深入研讨，通过查阅资料、类案检索、专家咨询等方式，提出通过工伤保险先行支付来解决问题的思路。为进一步确定刘某是否符合工伤保险先行支付的条件，某市人民检察院主动与市人力资源和社会保障局、市社会保险中心沟通了解相关情况，经走访及调研发现，本市乃至其他一些地方工伤保险先行支付制度落地情况并不乐观。

为疏通刘某获取工伤保险待遇的堵点，也为更多工伤职工及时获得医疗救治和生活保障，某市人民检察院通过搜集大量案例及相关资料、召开研讨会等方式论证实施的必要性及可行性，最终认为工伤保险先行支付制度是国家从保护弱势群体角度出发而制定的“预付制度”，在 2010 年被《中华人民共和国社会保险法》确立，目的是确保工伤职工能得到及时治疗和生活保障。目前该法已实施 11 年，应当尽快制定相关实施细则，确保保险救济渠道畅通。某市人民检察院遂向市人力资源和社会保障局、市社会保险中心提出“加快制定配套规程，促进工伤保险先行支付制度落地”的检察建议，并初步达成一致意见。鉴于这项制度涉及问题较为复杂，为稳妥起见，双方分别向上级请示。在新疆维吾尔自治区人民检察院和自治区人力资源和社会保障厅、自治区社会保险局的支持下，某市人民检察院进一步与市人力资源和社会保障局、市社会保险中心进行对接，持续跟进。

2021 年 3 月 26 日，某市社会保险中心工伤保险基金先行支付经办规程出台，工伤保险先行支付制度落地。2021 年 4 月 20 日，在外地工作的刘某来到某市人民检察院，办案人员就工伤保险先行支付进行释明，引导其通过法治途径解决问题。

【典型意义】

人民检察院办理涉工伤类行政诉讼监督案件，对于用人单位不支付工伤保险待遇的，可以引导工伤职工申请工伤保险先行支付。同时，对于发现的社会治理方面存在的问题，发挥检察职能作用积极推动解决。

案例三

焦某某诉山西甲县工伤保险管理中心、某劳务派遣有限公司不履行给付工伤保险待遇法定职责检察监督案

【基本案情】

焦某某系某劳务派遣有限公司派遣到山西某矿山装备修造有限责任公司从事清洁服务工作的职工，在甲县工伤保险管理中心参保缴费。2017 年 4 月 18 日，焦某某在上班途中发生交通事故，经鉴定属于工伤。事故发生后，焦某某就人身损害赔偿、工伤保险待遇等事宜，先后与肇事方、用人单位、用工单位进行协商沟通，与肇事方达成了一次性 7.8 万元的赔偿，与用人单位、用工单位未达成一致意见。后焦某某对用人单位、用工单位向甲县人民法院提起劳动争议民事诉讼（后该民事案

件经法院调解，达成了和解协议）。焦某某同时向甲县工伤保险管理中心主张工伤保险待遇，但其未能提交书面申请和相关材料，甲县工伤保险管理中心不予支付其工伤保险待遇。焦某某不服，于2018年7月17日向乙县人民法院（行政案件集中管辖）提起对甲县工伤保险管理中心的行政诉讼。2018年10月19日，乙县人民法院认为，焦某某因工伤保险待遇咨询甲县工伤保险管理中心，但未提出工伤保险待遇申请和相关材料，其起诉甲县工伤保险管理中心不履行给付保险待遇的法定职责不能成立，裁定驳回起诉。焦某某上诉、申请再审，均被裁定驳回。焦某某向检察机关申请监督。

【检察机关履职情况】

检察机关依法受理，调阅法院卷宗、相关民事案件法律文书等材料，询问各方当事人，经审查认为法院裁定并无不当。但该案没有进入实质审理，当事人合法权益不能得到及时保护，不利于定分止争，山西省人民检察院遂将此案作为行政争议实质性化解挂牌督办案件。某市人民检察院、甲县人民检察院、乙县人民检察院一体化办案，共同开展行政争议实质性化解工作。本案的矛盾焦点在于焦某某与山西某劳务派遣有限公司之间矛盾激化，公司始终消极抵触将必要材料报送甲县工伤保险管理中心。焦某某应按相关规定先向甲县工伤保险管理中心提交申请，但相关材料的提交已经超出规定的受理期限，需上报市工伤保险管理服务中心请示决定。检察机关向焦某某释法说理的同时，与山西某劳务派遣有限公司、市人社局和甲县人社局及工伤保险管理服务中心等多方沟通协调，召开由省市县三级检察机关联动组织的公开听证会，邀请人大代表、政协委员、人民监督员等社会各界人士参与案件化解，最终，某劳务派遣公司同意配合焦某某提供相关申请材料，甲县工伤保险管理中心按照上级的批复受理焦某某的申请，重新启动受理程序。

2020年6月17日，申请人焦某某递交撤回监督申请，某市人民检察院作出终结审查决定。9月17日，焦某某按程序领取了8.7万余元的工伤保险金。

【典型意义】

人民检察院办理不履行给付工伤保险待遇法定职责诉讼监督案件，应当践行司法为民理念，依法履行行政检察职责，依法维护劳动者合法权益。人民检察院发挥一体化办案优势，充分调查核实，通过释法说理、公开听证等方式推进行政争议实质性化解。

案例四

谭某诉海南某市某区人社局、某木业有限公司劳动和工伤保险行政管理检察监督案

【基本案情】

谭某于2018年5月24日在海南某木业有限公司（以下简称木业公司）厂区内作业时不慎摔倒，导致牙齿脱落。谭某以木业公司作为被申请人向某区劳动争议仲裁委员会申请仲裁，要求木业公司给付工伤保险待遇，该委以谭某未作工伤认定及伤残鉴定为由，驳回了谭某的仲裁请求。2019年4月30日谭某向某区人事劳动保障局申请工伤认定，该局审查后向其发出补正材料告知书，要求补充提交与用人单位存在劳动关系（包括事实劳动关系）的证明材料。谭某认为，依据《劳动和社会保障部关于确立劳动关系有关事项的通知》第四条的规定，应视同认定第三人与其存在劳动关系，故不需要提交其他证据材料。某区人事劳动保障局以谭某收到补正材料告知书后仍无法提供个人与用人单位存

在劳动关系的证明材料为由，作出《不予受理决定》。谭某不服，起诉至法院请求责令某区人事劳动保障局受理谭某的工伤认定申请，并作出工伤认定的决定。一、二审法院和再审法院均未支持谭某的诉讼请求。2020 年 11 月 4 日，谭某向海南省人民检察院第二分院（以下简称二分院）申请监督。

【检察机关履职情况】

二分院经查阅该案相关证据材料、法律法规及走访当地受理工伤认定的相关部门，审查认为从事锯木业务的木业公司，不属于建筑施工、矿山企业等用人单位，故不适用《劳动和社会保障部关于确立劳动关系有关事项的通知》第四条的规定。谭某与木业公司未签订劳动合同，也提供不出认定劳动关系的其他证明材料，某区人事劳动保障局作出《不予受理决定》的行政行为于法有据，法院生效裁判并无不当。该起行政诉讼监督案的行政争议其实质源于民事争议，即谭某受伤后，木业公司未支付相关的医疗费等，谭某人身损害赔偿主张并未得到支持，虽然谭某仍可以通过民事诉讼维护其自身的权益，但维权成本增加。考虑到行政诉讼法关于行政诉讼可以一并审理民事争议的相关规定精神，二分院决定通过做民事纠纷和解工作促进行政争议化解。办案人员听取谭某及其委托诉讼代理律师的诉求，走访用人单位，与公司法人代表讲法理，谈情理，针对双方对赔偿数额存在分歧的情况，多次与谭某及其代理律师沟通，商请某区劳动争议调解中心协助化解争议，最终双方达成和解意向，木业公司同意向谭某一次性支付伤残待遇、一次性医疗、误工费用等全部费用人民币 1 万元整。在检察机关和某区劳动争议调解中心的见证下，谭某与木业公司签署了《调解书》。谭某向二分院撤回监督申请，二分院依法作出终结审查决定。

【典型意义】

人民检察院对于当事人工伤认定申请依法不能得到支持的行政诉讼监督案件，通过调查核实准确把握案件争议焦点，促成关联民事赔偿纠纷和行政争议一揽子解决，维护当事人合法权益。

案例五

侯某某诉四川某市人力资源和社会保障局工伤认定检察监督案

【基本案情】

2014 年 7 月 9 日，四川某煤业有限公司某山北矿（下简称某山北矿）职工侯某某在矿井下操作钻机作业时，因突然感觉听不到声音，被送医治疗诊断为双耳重度感音神经性耳聋。2014 年 12 月 3 日，侯某某向四川某市人力资源和社会保障局（下简称市人社局）申请工伤认定。因侯某某无法按市人社局要求提供其耳聋系操作钻机所致的因果关系证明材料或者职业病诊断证明，经某煤业有限公司申请，某市疾病预防控制中心（下简称市疾控中心）于 2015 年 7 月 27 日出具《医学意见书》，结论为侯某某的耳聋“不考虑职业性爆震聋的诊断”。2015 年 9 月 14 日，市人社局以侯某某提交的《医学意见书》等材料不能证明其耳聋系 2014 年 7 月 9 日在某山北矿井下操作钻机所致为由，作出《不予认定工伤决定书》。侯某某不服，向四川某鉴定所申请鉴定。2015 年 10 月 8 日，某鉴定所出具《法医学鉴定意见书》，认为“被鉴定人侯某某的双耳聋不能完全排除与其井下作业有关”。侯某某向某市某区人民法院提起行政诉讼。法院审理认为，市人社局作出行政决定时仅考虑无职业性爆震聋诊断即作出不予认定工伤决定，结论不周延，判决撤销《不予认定工伤决定书》，要求市人社局重新作出工伤认定。某山北矿不服一审判决，提出上诉。某市中级人民法院认为，侯某某未能提供证明其耳聋属于职业性耳聋的职业病诊断证明书或者职业病诊断鉴定书，市人社局作出不予认定工伤决定并无不当，判决撤销一审行政判决，驳回侯某某的诉讼请求。侯某某的再审申请被四川省高级人民法院裁定驳回。侯某某向某市人民检察院申请监督。

【检察机关履职情况】

某市人民检察院认为终审判决适用法律确有错误，于2018年11月20日向某市中级人民法院提出再审检察建议，法院未采纳。某市人民检察院跟进监督，提请四川省人民检察院抗诉。四川省人民检察院受理后，全面审查法院案卷，向某市应急管理局、用人单位某山北矿、某山北矿掘进九队、侯某某工友、社区、侯某某本人及其前妻调查核实，分别与省人社厅、省高级法院、市人社局、市疾控中心就本案相关专业认定及法律认识问题沟通交流，厘清了本案争议的症结：一是侯某某职业病诊断证明或职业病鉴定缺失。二是侯某某体检报告和健康档案缺失。因用人单位从未安排其职工进行听力健康检查并建立健康档案，故无法提供侯某某的听力体检报告和健康档案。经向某医院职业病科咨询，医生认为该案不具备重新进行职业病诊断或鉴定的条件。三是工伤认定的相关规定落实难。根据《工伤保险条例》第十九条第二款和《工伤认定办法》第十七条规定，用人单位提交的证据不能证明劳动者不构成工伤，应当承担举证不能的责任。但人社部门表示，以职业病角度认定工伤，若劳动者未提供职业病诊断证明或鉴定，均不会作出工伤认定。

考虑到抗诉后即使法院再审改判责令人社部门重新对侯某某进行工伤认定，人社部门仍不可能作出认定工伤的决定，本案将陷入“程序空转”之中，为解决侯某某因无法工作导致生活窘迫的境地，检察机关决定以实质性化解行政争议为目标，综合施策对侯某某实施帮扶。2020年10月23日，四川省人民检察院召开侯某某工伤认定行政争议化解座谈会，向用人单位阐释因其在职工健康检查和建立职工健康档案工作中存在的问题，给侯某某申请职业病诊断或鉴定及工伤认定带来的困难；向社保部门反映侯某某生活的困境。最终，根据《四川省省级国家司法救助分类量化标准实施细则（试行）》的规定，省检察院给予侯某某9万元国家司法救助金；某建工有限公司、某山北矿分别为侯某某提供困难救助金3万元；县社保部门上门为侯某某办理社保手续。侯某某当场提交了撤回监督申请书。

【典型意义】

人民检察院办理工伤认定行政诉讼监督案件，对于当事人诉求具有正当性，但通过法律途径难以解决的，应当以实质性化解行政争议为目标，综合施策，促使问题解决。对因案致贫的当事人，检察机关在依法启动司法救助程序的同时，可以协调相关单位合力解决当事人的实际困难。

守护劳动者合法权益　维护法治化营商环境

——最高人民检察院第七检察厅负责人就工伤认定和工伤保险类行政检察监督典型案例答记者问

2021年5月12日，最高人民检察院发布了工伤认定和工伤保险类行政检察监督典型案例。针对此类案件的争议焦点以及在实际办案中该如何解难又解“结”，最高人民检察院第七检察厅厅长就相关问题回答了记者提问。

多种方式维护劳动者合法权益

记者：此次发布的5件工伤认定和工伤保险类行政检察监督典型案例的背景和考虑是什么？

答：工伤认定和工伤保险类案件，事关劳动者权益保护，事关社会和谐稳定，但在行政认定、司法处理等环节又容易出现争议。检察机关对此类案件依法开展法律监督和行政争议实质性化解工作，对保障劳动者遭受事故尤其是工伤事故后获得医疗救治、经济补偿和职业康复的权利，分散职工因事故造成的风险等具有重要意义。实践表明，检察机关可以通过依法提出抗诉、再审检察建议维护当事人合法权益，同时对于法院裁判并无明显不当，但申请人诉求又具有一定正当性的，也可以根据个案实际，通过公开听证、司法救助、释法说理以及促成关联民事争议达成和解、“一揽子”化解争议等方式化解行政争议，避免程序空转、循环诉讼，切实维护劳动者合法权益。

此次发布的 5 件典型案例，是近年来全国检察机关行政检察部门践行以人民为中心的司法理念，深入贯彻落实劳动法、职业病防治法、《工伤保险条例》等法律法规，切实加强劳动者权益保护，维护法治化营商环境的生动体现。检察机关在工作中一是畅通救济渠道。严格落实“群众来信件件有回复”要求，加大依职权监督力度，积极融入矛盾纠纷多元化解机制，促进诉源治理。二是加强调查核实。充分发挥行政检察专业化办案优势，全面审查诉讼活动和行政行为，对分歧较大的案件组织公开听证，听取各方意见，确保认定事实客观、适用法律准确。三是强化权利救济。对于申请人诉求具有一定正当性，但通过法律途径难以解决，且生活困难，符合国家司法救助条件的，及时给予司法救助。四是注重双赢多赢共赢。综合运用抗诉、检察建议、促成和解等多种手段，平等保护各方主体合法权益，做到既保障劳动者合法权益，又帮助企业合规经营，同时还促进行政机关依法行政，共同维护法治化营商环境。

工伤认定面临新挑战

记者：当前，工伤认定和工伤保险类行政检察监督案件有哪些特点？

答：2020 年，全国检察机关受理涉劳动和社会保障行政管理申诉案件 800 余件，其中涉及工伤认定、工伤保险类占比超过 80%。工伤认定和工伤保险类行政诉讼监督案件主要呈现以下特点：

一是法律适用要求高。工伤认定和工伤保险法律规范原则性与现实工伤事故多样性的矛盾日益凸显。例如，《工伤保险条例》以列举方式规定了可以认定工伤或视同工伤的若干情形，随着经济发展，劳动市场的用工形态、工作形式越发多样，如非固定工时制、居家办公等，工伤发生的情形更加复杂、千差万别，给工伤认定的法律适用带来新的挑战，容易引发当事人争议。

二是劳动者和用人单位利益冲突大。一些工伤认定尤其是非典型的工伤认定行政案件中，不论行政机关作出何种结论，劳动者或者用人单位常常会提起诉讼。也有个别用人单位社会责任感缺失，发生事故后首先考虑如何减少自己的经济损失，特别是未依法缴纳工伤保险的用人单位，往往会否定工伤认定，以期减少赔偿，导致一些本来不争的工伤认定进入行政诉讼程序。如侯某某诉四川某市人力资源和社会保障局工伤认定检察监督案，因用人单位从未安排其职工进行听力健康检查并建立健康档案，进而导致无法重新进行职业病诊断或鉴定。

三是劳动者一方诉讼能力相对较弱。这些案件中，劳动者一方因法律知识欠缺，对工伤认定标准、程序、时限等把握不准，再加上有时不能及时完整提供劳动关系证明及有关证据材料等，在诉讼中容易处于不利地位。如焦某某诉山西某市工伤保险管理中心、某劳务派遣有限公司不履行给付工伤保险待遇检察监督案，焦某某未能及时向市工伤保险管理中心提出工伤保险待遇书面申请和相关材料，导致市工伤保险管理中心不予支付其工伤保险待遇。

持续加大监督力度

记者：下一步，检察机关将采取哪些措施，进一步加大工伤认定和工伤保险类行政检察监督案件办理力度？

答：工伤认定和工伤保险类行政诉讼监督案件涉及当事人切身利益，社会公众关注度高。下一步，我们将坚持以人民为中心的司法理念，持续加大监督力度，常态化开展行政争议实质性化解，让人民群众在每一个案件中都能感受到公平正义。

一是更加注重行政争议实质性化解。结合党史学习教育、“检察为民办实事”实践活动，注重把工伤认定和工伤保险类行政争议实质性化解作为重要内容，增强化解行政争议意识，着眼案结事了政和，办理每一起工伤认定和工伤保险类行政诉讼监督案件时都注意审查评估有无实质性化解行政争议的可能性，把化解行政争议作为审查案件的必经程序，做到“一案三查”：审查人民法院生效裁判有无错误，审查行政机关行政行为有无违法，审查行政争议化解有无可能，坚决避免就案办案、一抗了之或者不支持了之。

二是更加注重依法开展司法救助。将司法救助工作融入巩固拓展脱贫攻坚成果、保障乡村振兴大局，对行政裁判和行政行为并无明显不当，但“因案致贫、因案返贫”的情况，积极协调司法救助，做到“应救尽救”“应救即救”。对于救助申请人困难大、需救助人数多等情形，充分发挥检察一体优势，积极开展上下级、跨地区检察机关联合救助。司法救助后仍存在实际困难的，商请有关职能部门、属地政府帮助解决。

三是更加注重与相关职能部门协同联动。加强与人民法院、人力资源和社会保障、民政等部门常态化沟通，强化工伤认定和工伤保险领域信息共享、案情通报、案件移送、人员交流、同堂培训等机制建设，凝聚实质性化解行政争议，保障劳动者合法权益的合力。

司法实务问题研究

浅析部分执行到位民事执行案件的执行费结算

张　俞*

本文所称的“部分执行到位民事执行案件的执行费结算”，是指在具有金钱给付义务的民事执行案件中，法院对未履行生效法律文书确定义务的被执行人采取强制执行措施，促使其履行生效法律文书所确定的义务，但因被执行人可供执行的财产不足或被执行人的履行能力不足等原因，法院仅对申请执行的标的额的部分款项执行到位，而对于这类部分执行到位的案件，其执行费如何结算的问题。

一、部分执行到位的民事执行案件执行费结算的现状及原因

在执行实践中，对于部分执行到位的民事执行案件的执行费结算，法院之间甚至同一家法院的做法也不相同，大致有以下三种情形：

第一种是以申请执行的标的额进行结算执行费。比如，法院部分执行到位的款项为1.4万元，对于这1.4万元，法院以申请执行标的额为基数计算执行费。

* 作者单位：浙江省温州市瓯海区人民法院。

第二种是以执行到位的款项进行结算执行费。比如，法院部分执行到位20万元，法院以20万元作为基数结算执行费，剩余款项给申请执行人受偿。

第三种是暂不结算执行费。比如，法院部分执行到位6万元，对于这6万元，法院没有结算执行费，而是将其全部给了申请执行人。

出现上述不同情形的执行费结算，笔者认为主要有以下几方面原因：

（1）节省办案资源。对于申请执行标的额不高的，在部分执行到位之后，案件经办人直接以申请执行的标的额结算执行费，理由是申请标的额小，做多次执行费结算，浪费人力物力，以申请标的全额结算执行费，可避免执行费二次以上结算，节省办案资源。

（2）简便程序操作。对于部分执行到位的案款与申请执行标的额结算的执行费相符的，案件经办人以申请执行标的额结算执行费，理由是如以到位款项结算执行费的，剩余款项还将进入财产分配程序，申请执行人不仅受偿额很低，分配程序也很烦琐，没有价值。

（3）缺乏明确规定。执行费的依据是《诉讼费用交纳办法》《最高人民法院关于适用〈诉讼费用交纳办法〉的通知》《最高人民法院关于执行款物管理工作的规定》等，但这些规定只确定了被执行人应当负担执行费、执行费收费标准和在“执行后”结算执行费，但对于部分执行到位的民事执行案件，其执行费如何结算却没有明确规定，以致执行费结算各有理解、做法不一。

（4）缺位规范监督。相比于执行案件的财产处置力度、终本程序规范及执行文书质量等方面的规范化水平与监督力度，关于部分执行到位的民事执行案件的执行费结算方面，规范化水平较低，监督力度也较弱，加之上述原因，导致出现这类执行费结算乱象。

二、部分执行到位民事执行案件执行费结算依据及其分析

执行费是执行案件中被执行人应当交纳的费用。从《诉讼费用交纳办法》及《最高人民法院关于适用〈诉讼费用交纳办法〉的通知》的规定来看，执行费具有三个特点，即法定性、惩戒性和强制性。法定性是指执行费收费标准是法定的；惩戒性是指执行费由不履行生效法律文书义务的被执行人负担，作为其不履行生效法律文书义务的惩戒；强制性是指法院依法强制向被执行人收取执行费。

笔者认为，对于具有金钱给付义务的部分执行到位的民事执行案件，应以该部分执行到位的款项计算其执行费，并予以收取，理由如下。

（一）符合执行费相关规定的本意

根据《诉讼费用交纳办法》第六条的规定，执行费属于当事人应当向法院交纳的诉讼费用范围，第十四条明确执行费收费标准，第三十八条明确执行费由被执行人负担；根据《最高人民法院关于适用〈诉讼费用交纳办法〉的通知》第四条的内容，执行申请费不由申请执行人预交，执行申请费执行后交纳……自 2007 年 4 月 1 日起，执行申请费由人民法院在执行生效法律文书确定的内容之外直接向被执行人收取。《最高人民法院关于执行款物管理工作的规定》（法发〔2017〕6 号）第十条规定：“执行人员应当在收到财务部门执行款到账通知之日起三十日内，完成执行款的核算、执行费用的结算、通知申请执行人领取和执行款发放等工作。”上述规定明确执行费由被执行人负担，法院通过强制执行措施，在执行款到账后的时限之内，完成执行费的结算。即法院通过强制执行，并以执行到位的款项结算其执行费，符合执行费相关规定的本意。

（二）符合诉讼成本最低化的追求

利益的最大化也就意味着同时追求成本的最低化，这是当事人进行诉讼的最终目的，也是人民法院践行司法为民的最终目标。诉讼成本是

诉讼主体在进行诉讼活动中所消耗的人力、物力和财力的总和。执行费只是当事人所支出的诉讼成本中的一部分，但执行费结算的高低，也就是说以申请的执行标的额结算执行费，还是以部分执行到位的款项结算执行费，其结果则会严重影响到当事人诉讼成本的高低。当然，被执行人不履行生效法律文书所确定的义务，依法应承担生效法律文书所确定义务之外的执行费，这是法律对被执行人不履行裁判义务的惩戒，但这种执行费负担的惩戒也应在合理的结算范畴。当被执行人暂时无力履行全部义务时，如果其所支付的部分款项先用来以申请执行标的额来结算执行费，虽然加大了对被执行人的经济惩戒，但同时也让申请执行人实现的金钱债权减少，这种结果非但不是申请执行人所期盼的，也不合理，有违诉讼初衷和司法为民的宗旨。故以部分执行到位的款项结算执行费，既合理，也符合诉讼成本最低化的追求。

（三）体现国不与民争利的为民精神

从执行费归属于国家财政的层面来说，执行费是国家的。对于部分执行到位的民事案件来说，款项数额一定，如果执行费结算多了，那申请执行人债权实现的部分自然就少了。在这种情况下，执行费的结算更应合理与适当。在我国，所有的法律、政策都是基于为民、护民和利民的，国家不可能出现与民争利的行为。[①] 故在部分执行到位民事执行案件结算执行费时，是以申请执行标的额为基数结算更多的执行费而让申请执行人的债权实现减少，还是以部分执行到位的款项为基数结算合理的执行费而使申请执行人的债权实现增多，在这两者利益的选择上，国不与民争利的原则必然使款项分配的天平向当事人方向倾斜，即以部分执行到位的款项为基数结算合理的执行费而使申请执行人的债权实现增多。

---

① 参见杨立新：《国家不与民争利》，载《文摘报》2017年4月27日。

（四）适应执行中将来可能出现的情形

具有金钱给付义务的民事执行案件在部分款项执行到位之后，就申请执行人方面来说，将来可能会出现因某种原因而撤回执行申请或放弃部分申请执行标的额或与被执行人达成和解协议而申请终结执行等情形；就被执行人方面来说，将来也可能出现因某种法定事由而导致其执行案件的实体终结等情形；就生效的法律文书来说，理论上也可能存在将来因再审而被撤销等情形。因此，在将来可能面临这么多情形的情况下，对于部分执行到位的民事执行案件，以部分执行到位的款项为基数结算执行费，既符合执行费相关规定的精神，也适应今后执行阶段中可能出现的各种情形。

（五）符合结算会计学概念的基本内涵

结算，是会计学的术语，是指将某一时期内发生的交易结果，按照其相关规定对交易中所产生的有关款项进行的计算、划拨。① 从其会计结算具有三层意思：一是时限性，指进行的结算是限定在一段时限之内的；二是计算性，指特定时限内的有关款项需要进行计算；三是收付性，指将已计算特定时限内的款项完成收付。结算按其收付方式不同，一般分为现金结算和转账结算两种方式。从结算会计学概念的以上基本内涵分析，部分执行到位民事执行案件的执行费结算，应从开始执行到部分款项执行到位的这段时限内，以部分执行到位的款项为基数结算其执行费。

---

① 参见武超雄：《目前结算工作中存在的问题及对策》，载《河南金融管理干部学院学报》1995 年第 2 期。

三、三种情形中部分执行到位的执行费结算

（一）当事人达成执行和解，申请执行人收到首期给付款项（部分执行到位），并向执行法院申请撤回或撤销执行申请

当然，执行费由哪方当事人负担，由双方当事人协商决定，协商不成的，由法院决定。但对于执行费以全案的申请执行标的额为基数计算，还是以首期给付的款项为基数计算？笔者认为虽然执行和解的内容一般是针对申请执行的标的额，但这是属于双方当事人间的协议，对于法院来说，经过这阶段的执行，申请执行人只是收到被执行人支付的首期给付款项，故应以首期给付款项为基数结算执行费。

（二）参与其他案件财产分配

对于被分配财产的被执行人而言，法院在分配其该处置财产之前，已按照《最高人民法院关于执行款物管理工作的规定》第十条规定先完成执行费用的结算，如果参与分配的案件再以申请参与分配的债权额度为基数结算执行费，属于多算且重复结算执行费，这显然是不对的。故对于参与其他案件财产分配的案件，在参与分配时不应再以参与分配的债权数额结算执行费。

（三）申请执行人领取部分执行款项之后，向法院申请放弃剩余债权执行

从申请执行标的额来说，申请执行人领取部分款项之后，剩余部分因申请执行人的书面放弃表示，法院不再执行，执行案件也将以执行完毕结案，但对于执行费的结算，笔者认为既然放弃的部分无须法院再执行，那么法院对于这部分债权数额就不应再向被执行人收取执行费，即应以申请执行人领取的款项为基数结算执行费。

新类型疑难案例选评

葛某诉上海市公安局某分局行政赔偿案

沈　丹　李　晓*

【裁判要旨】

比例原则是行政法学的基本原则。在警察执法导致相对人受伤的行政赔偿案件审理中，应适用比例原则，从被告的执法目的是否正当，执法措施是否适当，对相对人权益影响是否超过必要限度，执法产生的损害结果与实现的执法目的是否匹配等方面，判断执法行为及措施的合法性及确定应否赔偿。适用比例原则审理警察执法行政赔偿案件，既可以厘清行政执法权力的行使边界和强度，又可以保障相对人的合法权益不致受到过度侵害，实现权力运行与相对人权利保护的平衡。

【基本案情】

原告：葛某。

被告：上海市公安局某分局（以下简称某公安分局）。

2018 年 8 月 2 日，因房屋租赁纠纷，原告葛某的妻子报警。当日下

* 作者单位：上海铁路运输法院。

午，原告至被告下属某派出所要求获取报案回执，民警告知原告由报案人领取。处理过程中原告认为民警推诿，与民警发生争吵。下午近 3 时许，原告在等待其妻到来时，见一位其认为是派出所领导的人即民警刘某从外面进入派出所一楼大厅，刷门禁进入办公区域，随之闯入办公区域。在口头劝阻和拉拽制止原告无效情况下，办公区域在场民警以强制措施制服原告。当日，原告因涉嫌扰乱单位秩序被口头传唤，在办案区经人体检查登记，显示原告体表手臂和手腕有三处抓痕。同日，民警刘某、韩某、周某经验伤，分别为左前臂外伤、左肘部外伤软组织挫伤、左上肢外伤软组织挫伤。被告于次日作出行政处罚决定，认定原告上述行为系扰乱单位秩序的违法行为，对原告处以警告。当日原告至上海第六医院（以下简称六院）就诊，诊断结果为“左侧第 5、6 前肋皮质骨折，门诊随访”。同月 4 日原告至上海公利医院就诊检查，主诉“鼻部被打伤后 2 日”，查体“鼻腔外形轻度水肿，未见明显偏斜、塌陷、鼻腔黏膜充血、未见活动出血”，诊断“头部外伤”，处理意见“鼻 CT 拒。复诊。”同月 6 日，原告再次至六院就诊，主诉“面部外伤 4 天，鼻部疼痛”，查体“外部无明显肿胀”，诊断“面部损伤”，处理“鼻骨 CT 平扫 + 三维”，影像学诊断“鼻骨远端局部塌陷”，处理“请于一周后门诊随访，不适随诊”。六院于 2018 年 8 月 3 日为原告开具疾病证明单，建议休息 3 天，又于同年 8 月 20 日和 9 月 4 日分别为原告开具疾病证明单，均建议休息 2 周。原告认为，其进入办公区域是要投诉窗口接待民警，但被民警堵在门外，后被拉进办公区域殴打，导致上述伤害。故诉请确认被告于 2018 年 8 月 2 日下午 3 时许在某派出所门禁内办公区域走廊殴打原告行为违法，并要求被告赔偿原告医药费、营养费、误工费、交通费、后期鼻部整形费用等共计 30 万元，精神损害抚慰金 100 万元。

另查明，某派出所 2018 年 8 月 2 日日常巡逻换班和交接公务用枪的时间为下午 3 时许，该所武器库位于靠近门禁的办公区域。

【审判结果】

上海铁路运输法院审理后认为，本案争议焦点为：一是民警在处置原告擅入办公区域过程中，是否存在殴打原告的行为；二是被告应否赔偿原告主张的经济和精神损失。

关于争议焦点一，被告某公安分局下属某派出所门禁内办公区域，未经允许不得进入，原告欲反映问题并不能成为其进入办公区域的正当理由。原告擅入门禁内办公区域且经劝阻和拉拽制止无效，对某派出所办公秩序和人员的人身安全构成威胁。加之，原告冲入地点离武器库较近，当时正准备交接枪械，在场民警须立即有效处置原告，故民警基于当时客观情况采用武力制服原告有其必要性。

原告于 2018 年 8 月 3 日接受行政处罚后，便去六院就医检查，诊断结果为“左侧第 5、6 前肋皮质骨折”。原告的就医、检查和诊断过程具有及时性和连续性，故该伤害系在原告擅入办公区域过程中产生。原告于 2018 年 8 月 4 日到公利医院对其鼻部伤就诊，诊断为“头部外伤”，再于 2018 年 8 月 6 日至六院检查，诊断为“面部损伤”，经鼻骨 CT 平扫 + 三维，影像学诊断“鼻骨远端局部塌陷”，处理“请于一周后门诊随访，不适随诊”。虽然从离开派出所到去医院检查存在时间间隔，但在合理时间范围内；从 8 月 4 和 8 月 6 日医生查体表述上看，由“鼻腔外形轻度水肿”到“外部无明显肿胀”，伤情也符合一般认知的发展过程，亦无其他证据和线索反映原告离开某派出所至鼻部伤势诊断前有新的伤害发生，故原告鼻部损伤亦在原告擅入办公区域过程中产生。但本案现有证据并不能证明某派出所民警在处置原告擅入办公区域过程中存在殴打原告的违法行为，故原告关于确认被告于 2018 年 8 月 2 日下午 3 时许在某派出所门禁区域内走廊殴打原告行为违法的诉讼请求，法院不予支持。

关于争议焦点二，原告在擅入办公区域被制服过程中产生的伤害及损失，被告是否应予赔偿取决于民警处置过程中所采取的措施和产生的结果是否超过必要限度。本案原告作为完全民事行为能力人，明知门禁内办公区域不可进入，仍擅自冲闯，并在民警制止过程中激烈反抗且造成三名民警上肢外伤。同时，事发当时正准备交接枪械，事发地点在某派出所武器库附近，在场民警紧急采取武力徒手制服原告具有必要性，所采用的手段适当，并未超过必要限度。另，原告提交的就诊和检查方面的证据所反映的原告伤情及诊疗过程与民警所采取的制服措施并未明显失衡。此外，原告对主张赔偿的医药费、营养费、误工费、交通费等经济损失和精神损失并未提供相应的证据予以证明，其诉请中的后期鼻部整形费用亦未实际发生。因此，原告要求被告赔偿医药费、营养费、误工费、交通费、后期鼻部整形费用及精神损害抚慰金的诉请，法院不予支持。依照行政诉讼法第六十九条和《最高人民法院关于审理行政赔偿案件若干问题的规定》第三十三条之规定，判决驳回原告葛某的诉讼请求。

一审判决后，原、被告均未提起上诉。

［评析］

比例原则在警察执法行政赔偿案中的适用分析

警察执法时常面临一定的对抗性，因而需要采取相应的措施以制止违法行为或者保障执法程序的顺利进行，在此过程中，造成相对人损害的情况时有发生。本案即因原告冲闯办案区域，民警劝阻未果后采取武力措施制止而引发的行政赔偿案件。法院在审理中，结合具体案情，适用比例原则，对警察的执法目的、采取的执法措施手段以及执法强度和损害后果之间的关系等重要因素进行分析考量并作出判断。

一、警察处置原告擅入办公区域行为的正当性

比例原则要求行政机关实施行政行为的手段和目的之间要有一定的比例关系。前提是行政机关所要达到的目的具有一定的正当性，且具有实施行为的职权。本案首先需要确定警察是否有权对原告未经许可进入办案区域的行为进行处理且执法目的正当。

根据治安管理处罚法第二条规定，扰乱公共秩序，妨害公共安全，侵犯人身权利、财产权利，妨害社会管理，具有社会危害性，依照刑法的规定构成犯罪的，依法追究刑事责任；尚不够刑事处罚的，由公安机关依照该法给予治安管理处罚。本案中，原告知晓其进入的地方为派出所办案区域且该区域设有门禁禁止进入，未经许可擅入派出所办案区域坚持要见派出所领导，已经构成了对派出所正常办公秩序的扰乱和办公安全的潜在威胁。原告主张其进办公区域系向领导反映问题并不构成其擅入办公区域的正常事由。因此，警察为维护办公秩序和办公安全，有权对原告的行为予以制止和处置，执法目的具有正当性。

二、警察处置行为是否符合比例原则的分析

比例原则包括三个原则：（1）适当性，即采取的措施可以实现所追求的目的；（2）必要性，即除采取的措施外，没有其他给关系人或公众造成更小损害的适当措施；（3）均衡性，即采取的必要措施与其追求的结果之间并非不成比例（狭义的比例性）。[①]

（一）警察处置原告擅入办公区域行为的适当性审查

适当性原则要求采取的手段和追求的目标应当是相适应的，强调手段和目标的一致性，所采取的措施必须能够实现行政目标或者至少有助

① 参见［德］哈特穆特·毛雷尔：《行政法学总论》，高家伟译，法律出版社2000年版，第238~239页。

于行政目标达成。[①] 首先需要确定行政机关所要达成的目标是什么，其次是判断行政机关为实现该目标可采取措施的范围以及其最终采取了何种方式，最后是审查行政机关采取的措施是否有助于增进或实现该行政目标。具体到本案中，民警为实现制止原告擅自闯入办公区域、保障办公安全及维护办公秩序的目标，先是选择了口头劝阻原告的方式，口头劝阻无效后，采取了拉拽等方式，在仍无法有效制止情况下，使用了武力措施并最终制止原告。从该过程上来说，被告对实现行政目标的措施选择经历了由轻至重的渐进过程，并最终实现了制止原告、维护公共安全及工作场所秩序的行政目标，故从适当性角度考虑，被告的行为并未违反比例原则。

（二）警察处置原告擅入办公区域行为的必要性审查

必要性原则要求必须在能够实现目的的手段中选择最温和的手段，即对基本权利干预最小、课以负担最少的手段。[②] 根据上述界定，需要从以下三方面考虑警察执法是否符合必要性规则：第一，警察制止原告冲闯办公区域措施的范围；第二，该措施是否能够同等实现执法目标；第三，警察最终选择的执法措施是否系对相对人损害最小的手段。本案中办公区域走廊旁边即为武器库，且案发时间民警正在交接枪械，若无法及时有效制止相对人的冲闯行为，可能会造成不可估量的危险。该种情况下警察为实现执法目标可以采取的执法措施有口头劝阻、拉拽、徒手制服、使用警械和武器制服。因警察采取了口头劝阻及拉拽的方式均无法有效制止原告以实现执法目标，警察遂徒手制服原告，制止了其继续冲闯。从警察制止原告的方式选择上，其并未直接选择徒手制止或使用警械及武器制止，而是经历了由口头劝阻、拉拽及徒手制服的过程，

① 参见蒋红珍：《比例原则在“陈宁案”中的适用：兼及“析出法”路径下个案规范的最短射程》，载《交大法学》2014年第2期。

② 参见张翔：《机动车限行、财产权限制与比例原则》，载《法学》2015年第2期。

如果单从手段的暴力程度以及对原告损害角度考虑，口头劝阻及拉拽确实优于警察徒手制服原告，但结合执法目标的实现以及案发当时的紧急程度来讲，口头劝阻及拉拽无法实现执法目标，而徒手制服实现了执法目标，所以在当时情况下，徒手制服原告成为保障办公安全及秩序最温和的手段。

（三）警察处置原告擅入办公区域行为的均衡性审查

均衡性原则，即行政主体采取的行政手段所造成的损害，不得与所要达成行政目的的利益显失均衡，即所谓“成比例”。[①] 根据均衡性原则，需要判断警察采取徒手制服原告手段取得的效果是否优于其造成的损害。一方面，从警察徒手制服原告的方式取得的效果来看，该措施制止了原告继续冲闯办公区域的行为，避免影响武器交接等造成其他的损失，保障了警察及正在派出所处理事务的群众的人身安全并维护了办公秩序；另一方面，警察徒手制服原告的冲闯行为也造成了原告一定程度的身体损伤以及为制服原告的反抗另有三名民警受伤。但从整体来看，警察制服原告冲闯避免了对警察人身安全和办公秩序可能造成的安全威胁，虽然对原告造成了一定损伤，但该损伤并未超过必要限度，与采取措施所要达成的行政目标之间并未显著失衡，警察的行为符合均衡性原则的要求。

三、原告赔偿请求是否具有事实根据与法律依据

本案中，原告以被告殴打致其左侧两根肋骨骨折及鼻骨远端塌陷骨折为由，要求被告赔偿医药费、营养费、误工费、交通费、后期鼻部整形费用等共计30万元，精神损害抚慰金100万元。首先需要结合案件事实判断原告主张的肋骨及鼻骨骨折是否因警察制止其冲闯办公区域造成，并进一步认定原告的赔偿请求是否于法有据。

① 参见孔令滔：《现代行政裁量与比例原则的适用》，载《公法研究》2012年第1期。

（一）关于原告肋骨及鼻骨骨折是否系警察徒手制止其冲闯造成

根据被告提供的人体检查登记，原告被警察制止后口头传唤时其体表手臂和手腕有三处抓痕。原告当日、案发2日后、4日后至医院检查，诊断报告分别显示原告左侧两根肋骨骨折、鼻腔外形轻度水肿、外部无明显肿胀，原告至医院检查的时间虽然距离开派出所有所间隔，但仍在合理的期限内，且原告鼻部伤情恢复过程亦符合一般认知，且在该案审理过程中未有其他证据显示原告离开派出所后至原告鼻部检查时发生了新的事故导致原告受伤，故原告肋骨及鼻骨骨折可以认定系警察徒手制止其冲闯过程中造成。至于原告主张系因被告殴打所致，原、被告所提供的证据并不能印证该主张。

（二）该损害结果与制止违法行为手段是否失衡

原告作为完全民事行为能力人，明知门禁内办公区域不可进入，仍擅自冲闯，并在民警制止过程中激烈反抗且造成三名民警上肢外伤的情况，可见民警制服原告需采用武力，且原告反抗激烈，势必会产生伤害。从原告受伤的程度看，医院检查诊断分别为“左侧第5、6前肋皮质骨折”“鼻骨远端局部塌陷”，“请于一周后门诊随访，不适随诊”，没有需进一步治疗的建议，原告实际亦无后续治疗。可见，制止违法行为的手段和产生的损害结果之间并未失衡。

（三）原告的赔偿请求是否具有法律依据

国家赔偿法第三条第三项规定，行政机关及其工作人员在行使行政职权时以殴打、虐待等行为或者唆使、放纵他人以殴打、虐待等行为造成公民身体伤害或者死亡的，受害人有取得赔偿的权利。本案中，并无证据证明警察存在殴打原告的行为，且结合上文警察处置原告擅入办公区域行为的比例原则分析部分，警察的处置措施系当时紧急情况下为实现保护警察及群众人身安全以及维护办公场所秩序目标对原告采取的损害最小的方式，执法措施的选择具有必要性，手段适当，未超过必要程度以及违反法律规定，不存在上述法律规定的应予赔偿情形。

《最新法律文件解读》丛书

稿　约

《最新法律文件解读》是一套以为最新法律规范提供同步"解读"为主的系列丛书，分为刑事、民事、商事、行政与执行4个分册，按月出版。

本丛书以"解读"为重点，突出全、专、新、快、准等特点，通过对最新出台的法律、法规、司法解释、部门规章以及重要地方性法规进行同步动态解读，弥补了法律、法规、司法解释汇编类出版物没有同步阐释、解读内容的不足，为广大读者学习理解最新法律规范，正确贯彻执行法律文件，及时解决实践中的新情况、新问题，提供一个全方位、多层面的法律信息平台。

欢迎您向以下栏目赐稿：

【最新法律文件解读】主要是对最新颁行的法律文件进行解读，帮助司法和执法人员正确理解法律文件的立法背景、意义、重点内容、在适用中应注意的问题、与相关法律文件的衔接与互动关系等。

【司法实务问题研究】主要刊登对司法理论、实务及司法管理工作中的热点、疑难问题进行研究及评论的文章。

【新类型疑难案例选评】主要是对司法和行政执法实践中具有典型性和代表性的疑难案例，结合具体案情以及审理或处理结果进行简练精辟的点评，解析认识问题的方法、处理问题的法律依据和在个案中的具体适用。

【法学前沿与新视点】以摘要的形式刊登相关法学理论研究的最新动态及具有代表性和典型性的前沿问题，扩展法学研究的深度和广度。

【法律适用问题解答】主要针对司法和行政执法实践中面临的新问题、热点问题、疑难问题进行简要的解答，指出涉及的法律关系，明确法律适用依据。

稿件一经刊用即付稿酬，稿酬从优。

《刑事法律文件解读》　杨晓燕　邮箱:5184621@qq.com

《民事法律文件解读》　丁丽娜　邮箱:dlnlaw@163.com

《商事法律文件解读》　路建华　邮箱:shangshijiedu@126.com

《行政与执行法律文件解读》　张　奎　邮箱:271717306@qq.com

人民法院出版社

《最新法律文件解读》丛书编辑部